이끄심을 경험하는 삶

빈배

이끄심을 경험하는 삶
빈 배

지은이 · 노희송
초판 발행 · 2022. 9. 7
등록번호 · 제1988-000080호
등록된 곳 · 서울특별시 용산구 서빙고로65길 38
발행처 · 사단법인 두란노서원
영업부 · 2078-3352 FAX 080-749-3705
출판부 · 2078-3331

책 값은 뒤표지에 있습니다.
ISBN 978-89-531-4310-4 03230

편집부에서 독자의 의견을 기다립니다.
tpress@duranno.com   http://www.Duranno.com

두란노서원은 바울 사도가 3차 전도여행 때 에베소에서 성령 받은 제자들을 따로 세워 하나님의 말씀으
로 양육하던 장소입니다. 사도행전 19장 8-20절의 정신에 따라 첫째 목회자를 돕는 사역과 평신도를 훈
련시키는 사역, 둘째 세계선교(TIM)와 문서선교(단행본·잡지) 사역, 셋째 예수문화 및 경배와 찬양 사
역, 그리고 가정·상담 사역 등을 감당하고 있습니다. 1980년 12월 22일에 창립된 두란노서원은 주님
오실 때까지 이 사역들을 계속할 것입니다.

빈 배

이끄심을 경험하는 삶

노희송 지음

두란노

차례

1부
두려움에서 믿음으로

2부
회복에서 변화로

교회 목회를 계승하는 것이 그리 쉬운 일은 아닙니다. 그럼에도 노희송 목사님은 공동의회에서부터 위임 투표에 이르기까지 교인들의 절대적 지지를 받으며 리더십을 이어받았습니다. 보기 드문 특별한 사례라고 할 수 있습니다. 이 일로 저는 하나님께서 당신의 종을 예비하신다는 것을 확실히 믿게 되었습니다.

제가 북한에 억류되기 전에 하나님의 완벽한 계획 가운데 노희송 목사님을 예비해 주셨고, 덕분에 교회는 제가 없는 약 3년 동안 더 부흥할 수 있었습니다. 그 기간에 하나님의 백성을 위로해 주셨던 보석 같은 메시지가 책으로 출간되어 너무 기쁩니다. 하나님께서 세워 주시는 차세대 리더로서도 손색이 없는 귀한 주의 종을 소개하고 추천하게 되어 영광입니다.

노희송 목사님은 오랜 세월 저와 함께한 동역자로서 모세의 리더십과 여호수아의 담대함과 솔로몬의 지혜와 사도 요한의 사랑과 다윗의 영감과 바울의 구령의 열정을 두루 갖춘 뛰어난 하나님의 종입니다.

　무엇보다 그는 탁월한 메신저입니다. 그의 메시지는 앞
으로도 수많은 영혼을 구원하며 수많은 성도를 온전하게
세우고 살릴 것입니다. 하나님께 감사합니다.

임현수 큰빛교회 원로목사, TMTC 선교회 대표

　《빈 배》는 저자의 보석 같은 첫 작품입니다. 저자는 이
끄심의 은혜를 경험한 목회자입니다. 예수님의 성품을 닮
은 선한 목자입니다. 거룩한 열정으로 예수님의 복음을 전
하는 훌륭한 설교자입니다. 또한 디아스포라 교회를 섬기
는 탁월한 영적 리더입니다. 저자를 만날 때마다 예수님의
향기를 맛보곤 합니다. 저자를 만나고 나면 제 마음이 선해
지는 것을 느낍니다. 저자의 설교와 글은 예수님을 닮은 성
품에서 흘러나온 것입니다. 특별히 이 책은 고난 중에 태어
난 작품입니다. 그래서 하나님의 은혜가 차고 넘칩니다. 큰
울림이 있습니다. 이 책을 빈 배와 같은 경험을 하고 있는

분들, 회복을 통해 새 출발하기 원하는 분들, 이끄심의 깊은 은혜를 경험하기 원하는 분들에게 추천하고 싶습니다.

강준민 LA 새생명비전교회 담임목사

이 책에는 북한 선교를 하시던 임현수 목사님이 억류되신 동안 노희송 목사님과 성도들을 붙잡아 주었던 위로의 말씀이 담겨 있습니다. 우리는 모두 한 치 앞에 일어날 일조차 예상할 수 없습니다. 그래서 우리 삶에는 좌절, 두려움, 불확실성 등으로 삶과 신앙을 흔드는 일이 가득합니다. 현재 그런 때를 지나고 있는 많은 성도에게 이 책을 묵상하기를 추천합니다. 베드로의 빈 배에 찾아오셨던 주님이 당신의 삶 또한 이끄심을 경험하는 복된 시간이 될 것입니다.

김병삼 만나교회 담임목사

인생은 능동태가 아닌 수동태입니다. 마음대로 사는 것

같지만 하나님께 이끌려 사는 인생입니다. 하나님의 주권 아래 사는 인생입니다.

노희송 목사님은 북한 선교로 유명한 임현수 목사님의 후임 목회를 맡아 이중 언어 목회자로 큰빛교회에서 귀하게 쓰임 받는 종이십니다. 영어 목회를 하다가 갑자기 하나님의 이끄심을 받으셨다고 합니다.

이 책은 늙지 않은 노(?) 목사님의 자전적 목회 간증서로 이끄심의 은혜를 감동적으로 증언하고 있습니다. 나는 왜 노력해도 늘 빈 배냐며 묻고 있는 동역자들에게 '강추' 하고 싶습니다. 또한 도마처럼 신앙에 대한 회의(懷疑)가 많은 구도자들에게도 권하고 싶은 책입니다.

이동원 지구촌교회 창립/원로목사

우리가 잘 아는 성경 속 인물 베드로에 대해 깊이 있게 다룬 귀한 책이 나왔습니다. 중학교를 마치고 캐나다로 갔다고는 믿어지지 않을 정도로 저자의 글은 읽기 쉬우면서도 수준이 높습니다. 베드로처럼 밤새 물고기를 잡았지만 모든 노력이 헛되어 빈 배만 남아 있는 모든 이에게 이 책을 추천합니다. 베드로는 오히려 손질할 물고기가 하나도 없었기에 예수님의 말씀에 순종할 수 있었고, 예수님을 진정으로 만나게 된 것입니다. 그러한 은혜가 독자 여러분에게도 반드시 임하리라 믿고 추천합니다.

이찬수 분당우리교회 담임목사

교회의 꿈은 '주님이 이끄시는 교회'입니다. 주님이 이끄시려면 인간의 힘과 노력이 철저히 묵살된 빈 배가 되어야 합니다. 그래야 주님의 은혜로 채워질 수 있습니다. 토론토 큰빛교회는 주님의 이끄심의 은혜가 대를 이어 쏟아지는 속(續)사도행전적 교회입니다. 저자의 증언은 큰빛교회를 통해 어떻게 하나님나라가 세워지는지 그리고 교회는 왜 음부의 권세가 흔들 수 없는지를 들려줍니다. 빈 배만 바라보고 있던 베드로에게 찾아오신 주님은 지금도 낙심하고 있는 주의 백성을 찾아오셔서 두려움에서 믿음으로, 회복에서 변화로 이끄십니다. 이 책이 그 이끄심의 길목에서 당신과 공동체를 도울 것입니다.

조정민 베이직교회 목사

베드로는 평범한 우리를 가장 많이 닮았습니다. 그래서 우리는 베드로의 이야기에 자연스럽게 끌리게 됩니다. 하나님은 베드로라는 한 평범한 사람을 불러 그를 비범하게 빚어 사용하셨습니다. 저자 노희송 목사님은 이 베드로의 이야기를 빈 배와 이끄심이라는 주제로 집요하게 파고듭니다. 예수님은 베드로의 빈 배에 올라타신 것이 아니라 그의 인생에 올라타셨습니다. 그리고 갈릴리 호수 깊은 곳으로 배를 몰고 가듯 그를 깊은 믿음의 경지로 이끄셨습니다.

노희송 목사님은 탁월한 설교자입니다. 성경을 깊이 있게 해석하고 풍요롭게 다듬어서 때로는 넓게, 때로는 깊게 풀어냅니다. 그리고 마침내 현실에 가장 적절하게 적용하여 성도들의 삶에 도전과 일깨움을 줍니다. 시종 베드로의 이야기를 풀어내고 있지만, 읽는 내내 베드로가 바로 우리 자신임을 깨닫게 됩니다.

이 책은 우리에게 소망을 줍니다. 예수님의 포기하지 않는 끈질긴 이끄심을 경험하게 됩니다. 베드로에게 닿았던 손이 우리에게 닿게 될 때 우리에게도 똑같은 일이 일어날 것입니다. 너무나 익숙하지만, 깊이 들여다보지 못하고 지나갔던 예수님의 수제자 베드로의 이야기를 풍성하게 풀어내어 책으로 세상에 내놓은 저자의 수고에 박수를 보냅니다.

최병락 강남중앙침례교회 담임목사, 월드사역연구소 소장

노희송 목사님은 한국에서 태어나 북미에서 성장한 저와 같은 1.5세 목회자로서 서구적 논리 전개와 동양적 감성 터치의 균형이 잘 잡힌 분입니다. 평소 그의 겸손하고

따뜻한 인품을 흠모하여 교제하고 있었지만, 정작 이 책의 원고를 읽어가며 저는 목사님의 뛰어난 영적 통찰력과 깊이 있는 묵상에 감탄을 금치 못했습니다. 특히 임현수 원로 목사님께서 북한에 2년 7개월 넘게 억류되어 계시는 동안 교회를 담임하면서 겪었던 진솔한 신앙고백은 이 책의 주제인 나를 비우고 이끄심에 따라가는 삶이 어떤 것인지를 우리 가슴에 깊이 각인시켜 줍니다. 짧지만 큰 무게를 담고 있는 양서라고 믿어 적극 추천합니다.

한홍 새로운교회 담임목사

이끄심

저는 한국에서 태어나 북미에서 자란 1.5세입니다. 한국에서 중학교를 졸업한 후, 가족과 함께 캐나다 토론토로 이민 와서 고등학교와 대학교 시절을 보냈습니다. 저의 이중 언어 사용을 부러워하는 분도 있지만 솔직히 영어도 한국어도 어설픕니다. 하지만 이런 부족함까지 사용하셔서 영어권과 한국어권 목회를 함께 감당할 수 있게 하신 것은 모두 하나님의 은혜입니다.

청소년 인턴십을 위해 미국으로 떠나기 전까지 토론토 큰빛교회에서 2년간 사역을 했는데, 이것이 큰빛교회에서의 시작이었습니다. 그 후 2세 영어권

세대인 아내와 결혼한 후 저는 미국에서 목회학으로 석사와 박사를, 아내는 상담심리학으로 박사 학위를 받고 다시 큰빛교회 영어 회중 담임목사로 청빙받아 지금까지 20년 동안 한 교회를 섬기고 있습니다.

돌이켜보면 모든 것이 '하나님의 이끄심'이었습니다. 캐나다로 이민 오게 된 것도 저의 선택이 아니었습니다. 부모님이 자녀의 미래를 위해 결정한 것이었지만 궁극적으로 보면 하나님의 이끄심이었습니다. 큰빛교회에서 영어권 담임목사로 사역하면서 한국어권 회중을 위한 동사(同事) 목회를 시작한 것도 저의 뜻이 아니었고, 선임 임현수 목사님께서 북한 선교에 더 집중하기 위해 그 일을 부탁하셨기에 순종하는 마음으로 따른 것이었습니다. 그렇게 동사 목회를 5년 정도 감당하다가 2014년 가을에 한국어권 3대 담임목사로 청빙을 받았습니다. 25년 동안 교회를 섬기며 성장시키신 임현수 목사님께서 만 60세에 선교를 위해 조기 은퇴를 선언하시면서 다른 후보자 없이 청빙 절차가 이루어졌습니다. 공동의회에서 위임 투표까지 마치며 리더십 승계가 자연스럽게 결정되었습니다. 따로 지원을 하거나 이력서 제출도 없이 모두 이끄심에 따른 것이었습니다.

3대 담임목사로 결정된 지 2개월도 안 되어 정말 생각지도 못한 일이 벌어졌습니다. 선교로 북한을 방문 중이던 임 목사님께서 억류되셨고, 교회로 다시 돌아오시기까지 2년 7개월이라는 긴 시간이 흘렀습니다. 그런 상황에서 리더십을 이어받아 목회를 감당하는 것은 정말 쉽지 않았습니다. 신학교에서도, 책에서도 배우지 못한 뜻밖의 상황이었습니다. 하루도 마음을 놓을 수 없었고, 그렇다고 새로운 목회 비전을 선포할 수 있는 여건도 아니었습니다. 그렇지만 여전히 성도들을 인도하며 흔들림 없이 하나가 되도록 이끌어야만 했습니다. 어르신들부터 젊은이들까지 수많은 성도가 임 목사님의 안위를 걱정하며 안타까워했습니다. 목회의 시작부터 위기가 닥친 것처럼 보였습니다. 정말 베드로가 맞이한 빈 배 같았습니다. 하지만 모든 순간 임재하시는 주권자 하나님의 은혜로운 섭리 가운데 온 성도가 기도로 하나되는 이끄심을 경험했습니다. 하나님은 이 위기를 성장과 성숙의 시간으로 만들어 주셨습니다. 마침내 임 목사님께서 무사히 귀환하셨습니다. 지금 임 목사님께서는 원래 계획했던 것보다 더 놀랍게 선교 사역을 감당하고 계십니다.

저는 예수님의 제자 가운데 베드로를 가장 좋아합니다. 그는 열정의 사람이었지만 동시에 실수도 많았던 연약한 제자였습니다. 예수님 곁에서 늘 가까이 따랐던 섬김의 사람이었지만 예수님을 세 번이나 부인했던 제자였습니다.

그런 그를 주님은 회복시키셨고 발길을 이끌어 주셨습니다. 베드로의 삶을 통해서 주님의 강권적인 이끄심을 엿보게 됩니다. 바로 자신이 원하는 바가 아닌 주님이 이끄시는 대로 쓰임을 받는다는 것을 말입니다.

네가 젊어서는 스스로 띠 띠고 원하는 곳으로 다녔거니와 늙어서는 네 팔을 벌리리니 남이 네게 띠 띠우고 원하지 아니하는 곳으로 데려가리라 요 21:18

이 책을 통해서 베드로에게 하신 것같이 우리를 불러 주시고 이끌어 주시는 예수님을 만나기를 소망합니다. 임목사님께서 억류되어 계셨던 기간 동안 제가 말씀으로 전한 〈베드로 시리즈〉가 저뿐만 아니라 성도들에게도 불안과 염려에서 벗어나는 위로와 용기를 주었기 때문입니다. 그동안 목회 현장에서 사랑으로 이끌어 주신 임현수 목사

님, 그 길을 함께한 제 아내 헬렌, 소중한 두 딸(새로미, 예닮
이), 양가 부모님과 가족들, 큰빛교회 성도들께 감사를 드
립니다. 또한 책을 쓰도록 도전과 격려를 아끼지 않으시고
지난 20년 동안 한결같이 멘토링해 주신 강준민 목사님,
두란노서원 식구들, 그리고 부족한 저의 책을 추천해 주신
귀한 목사님들께 감사를 드립니다.

2022년 9월

노희송

1부

두려움에서
믿음으로

＊

1장

깊은 곳으로 이끄심

누가복음 5:1-11

예수님은 깊은 변화와 성숙의 길로 우리를 초청하십니다. 하지만 인간은 변화를 두려워합니다. 내 곁에 있는 사람들이 변하는 것은 원하지만, 정작 나 자신의 변화는 두려워합니다. 이런 우스갯소리가 있습니다.

미국 시골에서 평생 농부로 살던 할아버지가 아들과 함께 대도시인 시카고에 와서 난생처음으로 엘리베이터라는 것을 보았습니다. 신기해하며 유심히 지켜보고 있는데, 어느 할머니가 버튼을 누르더니 잠시 후 문이 열리자 곧장 그 안으로 들어갔습니다. 문이 닫히고 할머니가 사라진 지 몇 분 후에 문이 다시 열리면서 그 안에서 젊은 여인이 나왔습니다. 그것을 본 할아버지는 아들에게 흥분한 목소리로 외칩니다.

"빨리 네 어머니를 모시고 오너라."

할아버지는 그 할머니가 엘리베이터에 들어가 젊은 여인으로 변한 것으로 생각하고, 자신의 늙은 아내도 젊어지기를 원한 것이었습니다. 이처럼 우리는 자신이 변하기보다 타인이 변하기를 원합니다.

영어 속담에 '빛을 보고 앞으로 나아가는 사람이 있는 반면에, 뜨거워져야 움직이는 사람이 있다'라는 말이 있습니다. 위기와 어려움, 고난이 닥치면 그제야 움직이는 사람들이 있다는 뜻입니다. 변하는 것이 당연한데 오히려 변화를 이상하게 느끼는, 변화하지 않는 우리의 모습을 보는 것 같지 않습니까?

세상에서 가장 큰 기적은 예수 그리스도를 인격적으로 만나고 거듭남의 역사를 경험하는 것입니다. 저는 목회를 하면서 그러한 기적을 많이 경험했습니다. 동시에 그것보다 더 놀라운 기적도 경험합니다. 예수님을 만났다면서 변하지 않는 것입니다.

겉으로는 신앙생활을 열심히 하는데 가정과 교회에서 관계가 원활하지 못하고 서로 부딪치는 분들이 있습니다. 겉으로 보이는 변화에 집착한 나머지 속으로는 병들어 가는 것을 깨닫지 못하는 신앙인들의 모습도 보았습니다. 결국 내면 깊은 곳에 하나님의 자리를 인정하지 않는다면 실망이 찾아오는 것은 당연합니다.

"Disappointment comes from dis-appointing God. 하나님의 자리를 인정하지 않을 때 인생의 실망이 찾아온다."

_존 오트버그 John Ortberg

진정한 변화는 내면 깊은 곳에서부터 일어납니다. 영적 변화는 나의 힘으로 되는 것이 아닙니다. 복음의 능력, 말씀의 능력, 성령의 능력을 온전히 경험할 때 변화가 일어납니다. 베드로의 인생은 예수 그리스도를 만나 놀랍게 변합니다. 그가 예수님을 만났다고 해서 즉시 변한 것은 아니었습니다. 누가복음 4장에 보면 예수님께서 베드로의 장모의 열병을 고치신 기적이 나옵니다. 그는 예수님이 이루신 기적의 능력을 직접 보았습니다. 하지만 기적이 베드로를 변화시키지는 않았습니다. 예수 그리스도와의 인격적 만남을 통해서 놀라운 변화가 시작되었습니다.

힘들고 고단한 삶에
찾아오신 예수님

베드로는 평범한 어부로 살아온 사람입니다. 그가 가진

것은 단지 배와 그물, 그리고 갈릴리 바다에서 고기 잡는 기술뿐이었습니다. 단순한 삶을 살았던 그였습니다. 고기를 많이 잡은 날은 날아갈 듯 기분이 좋지만 허탕 치는 날은 낙심과 염려라는 무거운 마음을 안고 집으로 돌아가는, 그렇게 하루하루 식구들의 생계를 책임지는 어부의 삶이었습니다.

캐나다로 이민 온 후, 부모님은 동네 매점(convenience store)을 운영하셨습니다. 일 년 365일 쉬는 날 없이 오전 7시에 문을 열고 밤 11시까지 운영하셨기에 온 가족이 함께 도울 수밖에 없었고, 그런 이유로 한동안은 가게 위층에 살림집을 차려 살았습니다. 매상이 오른 날은 기분이 좋아서 밤 11시에 문을 닫고는 근처 중국 음식점에서 특별 외식을 하곤 했습니다. 그러나 손님이 적어 매상이 준 날은 당장 생활비를 걱정하시던 모습도 기억납니다.

아마 베드로도 그렇게 어부 생활을 하지 않았을까 생각해 봅니다. 학생들도 마찬가지로 성적이 오르면 기분이 좋고 낙제하면 하늘이 무너질 듯이 걱정합니다. 아기를 키우는 젊은 어머니들도 아기의 건강 상태에 따라 자신의 컨디션이 좌우됩니다. 저와 같은 설교자들도 마찬가지입니다. 성도들이 설교에 은혜 받고 좋은 피드백을 주면 그다음 한

주 동안 기분이 좋습니다. 하지만 말씀이 생각한 대로 전달되지 않았다고 느끼거나 성도들의 반응이 미미할 때는 여러 가지로 고민하게 됩니다.

본문에 기록된 그날은 결코 베드로에게 좋은 날이 아니었습니다. 밤새도록 수고했지만 잡은 것이 없었기 때문이지요.

선생님 우리들이 밤이 새도록 수고하였으되 잡은 것이 없지마는… 눅 5:5

밤을 꼬박 새우고 수고는 했지만 베드로의 배는 텅 비어 있었습니다. 당신의 삶은 지금 어떠합니까? 밤새도록 수고했지만 잡은 것이 없는 것 같은 삶은 아닌가요?

힘들게 사회생활하며 많은 수고를 했는데, 자신이 쌓아온 경력이나 사업적 실적에 만족하지 못한 분들이 있습니다. 자녀 교육을 위해 많은 노력을 했는데, 자녀들은 오히려 더 크게 방황하기도 합니다. 또 물질적으로는 풍요롭지만, 영혼이 텅 빈 분들도 있습니다. 나름대로 신앙생활을 열심히 한 것 같은데, 심령은 오히려 메말라 있는 성도들도 있습니다. 이렇듯 수고가 실패로 끝나 허탈함과 실망감에 젖어 있는 베드로에게 찾아오신 예수님, 그 주님께서는 저와 당신에게도 찾아오십니다.

주님은 왜 하필이면 베드로의 배에 타셨을까요? 물론 주님께서는 이미 베드로를 선택하셨을 것입니다. 또 다른 관점에서 베드로의 배가 비어 있었음을 성경을 통해 보게 됩니다. '만약 베드로의 배가 물고기로 꽉 차 있었더라면 어땠을까?'라는 질문을 해 보았습니다. 싱싱한 물고기를 빨리 손질해서 도매상에 넘겨야 하지 않았을까요? "예수님, 죄송합니다! 물고기가 상하기 전에 가야 합니다"라고 말하며 예수님을 바라보지도 않았을 것입니다.

오히려 베드로의 빈 배는 예수님께서 들어와 앉으실 수 있는 축복의 공간으로 변하게 됩니다. 당신의 텅 비어 있는 배를 오히려 믿음의 눈으로 바라보십시오. 주님은 당신의 빈 배에 다가오시는 분입니다. 삶이 힘들고 고단하면 마음에 여유가 없어 소급해지고 오히려 강퍅해지기도 합니다.

그물을 씻고 있었다는 것은 무엇을 의미할까요? 간밤에는 허탕을 쳤지만 다음날을 기대하며 준비한다는 의미입니다. 베드로는 피곤한 모습으로 그물을 씻고 있었습니다. 이제 다 정리하고 집에 들어가서 다음날을 위해 휴식을 취하려는 모습을 상상할 수 있겠지요. 그런데 하필이면 바로 그때 예수님께서 찾아오십니다. 그 옆에 다른 배가 있는데도 말입니다. 저 같으면 아마 짜증을 냈을지도 모르겠습니다. 요한의 배를 가리키며 그쪽 배를 타시라고 말했을지도 모릅니다. 그렇다면 우리의 마음은 어떨까요? 빈 배에서 우리의 마음이 더 강퍅해질지 아니면 주님을 모실 만큼 더 겸손해질지 다시 한번 내면을 살펴볼 필요가 있습니다.

말씀에 사로잡혀
말씀이 나를 다스리도록

이제 예수님은 아예 배를 육지에서 떼라고 말씀하시고 배에 앉으셔서 본격적으로 말씀을 가르치십니다.

육지에서 조금 떼기를 청하시고 앉으사 눅 5:3

저 같으면 분명히 이리저리 핑계를 댔을 텐데 베드로는 예수님의 청을 거절하지 못했습니다. 왜 거절하지 못했을까요? 온유하지만 권위 있게 말씀하시는 예수님에게 거절하지 못할 신비한 능력이 있었기 때문일까요? 아니면 장

모의 열병을 고쳐 주신 예수님께 신세를 졌기 때문이었을
까요?

분명한 것은 베드로가 예수님의 요청을 거절하지 못하
고 배를 육지에서 떼었다는 것입니다. 그 순간 그는 배에
꼼짝없이 갇혀 버리게 됩니다.

영어로는 이러한 상황을 'stuck'되었다고 표현합니다.
'Peter was stuck!'

우리도 이러지도 못하고 저러지도 못하는 어려운 상황
에 갇힐 때가 있습니다. 때로는 사람과의 관계에서 어쩌지
못하는 경우도 있습니다. 인간관계로 지치거나 정말 힘든
상황에 처한 경우, 자신의 힘으로 뛰쳐나가 보려고 하지만
선택의 자유가 없는 것 같을 때가 있습니다.

우리는 선택할 수 있는 옵션이 여럿이면 행복하고 여유
로운 삶이라고 생각하지만 오히려 그 반대인 경우가 더 많
습니다. 그러한 여유가 생기면 오히려 하나님과 더 멀어지
기도 합니다. 비즈니스를 축복해 주시면 하나님을 위해 헌
신하겠다고 기도합니다. 하지만 정작 비즈니스가 잘되면
너무 바빠져 교회에 나오지 못하는 경우도 보았습니다.

L.A.에서 청소년 사역을 하던 시절이었습니다. 매주 금
요일 성경공부에 빠지지 않고 참석하던 한 고등학생이 기

도를 부탁했습니다. 운전면허 시험을 보는데 꼭 합격하도록 기도해 달라는 것이었습니다. 미국에서는 열여섯 살이면 운전면허를 취득할 수 있습니다. 면허를 따면 아버지가 자동차를 사 주겠다고 약속했다며, 자동차가 생기면 매주 금요일 저녁에 안 믿는 친구들을 전도해서 교회 성경공부에 데리고 오겠다고 했습니다. 너무나 간절한 부탁에 함께 기도를 했습니다. 그 학생은 그다음 주에 운전면허 시험에 합격했고 정말 차를 선물로 받았습니다. 그러나 그 뒤로 금요일 저녁에 그 친구를 교회에서 볼 수 없었습니다.

때로는 선택에 대한 두려움과 후회 가운데 살아가기도 합니다. 어려움을 정면 돌파하지 않고 회피하기도 합니다. 제가 풀러 신학교에 다닐 때 설교를 잘하기로 유명했던 친구가 있었습니다. 이 친구는 여러 교회 집회에 초청받는 인기 강사였습니다.

한번은 얼마나 설교를 잘하는지 궁금해서 집회에 직접 참석해 보았습니다. 과연 부러울 정도로 말씀을 잘 전했습니다. 그 후로 그와 친하게 지내고 싶어졌습니다. 그런데 큰 교회 고등부 전도사로 있던 이 친구는 사역한 지 6개월 만에 사역지를 옮기겠다고 했습니다. 교육부 담당 김 아무개 장로님과 불편한 사이가 된 데다 다른 교회에서 계속 찾아온다는 이유였습니다. 함께 기도하고 격려해 주었습니다. 그런데 일 년도 안 되어 또 그 교회를 사임하고 다른 교회로 옮긴다는 소식을 들었습니다. 이번에는 이 아무개 장로님과 맞지 않아서 옮긴다고 했습니다.

그는 신학교를 다니는 동안 이렇게 여러 차례 사역지를 옮겼고, 설교의 달란트가 있던 그 친구는 졸업 후 목회를 하지 않게 되었습니다. 어떻게 보면 옵션이 많아서 일어난 일이 아닐까 싶습니다.

오늘날 성도들에게도 말씀의 옵션, 교회의 옵션이 많습니다. 온라인, 유튜브만 보아도 수천 개의 설교와 예배를 접할 수 있습니다. 하지만 아무리 좋은 말씀을 많이 듣더라도 그 말씀에 사로잡히지(stuck) 않으면 우리 안에 변화는 일어나지 않습니다.

"피상성은 우리 시대의 비극이다. 즉시 만족을 누리고자 하는 사상은 근본적으로 영적인 문제다. 오늘날 절실히 요청되는 사람은 지능이 높거나 재능이 많은 사람이 아니라 깊이가 있는 사람이다."_리처드 포스터 Richard Foster

여기서 말하는 피상성(Superficiality)은 깊이가 없는 얄팍

한 신앙을 가리킵니다. 변화가 다 좋은 것만은 아닙니다. 변화에 내용과 깊이가 있어야 한다는 의미입니다.

진정한 변화는 말씀의 능력에서 옵니다. 예수님께서 배 안에서 무리를 가르치실 때, 베드로는 바로 옆에서 꼼짝 못 하고(stuck) 말씀을 들었습니다. 말씀에 집중했습니다. 예수 님께서 베드로에게 깊은 곳에 그물을 내리라고 말씀하셨 을 때 그는 말씀에 반응해 순종했습니다.

사실 예수님은 목수이지 어부인 베드로만큼 물고기를 잘 잡는 전문가는 아니었습니다. 베테랑 어부인 베드로의 자존심으로는 예수님의 말씀에 순종할 수 없었을 것입니 다. 하지만 그 순종의 비결은 말씀이었습니다.

말씀에 의지하여 눅 5:5b

단순히 말씀을 듣는 것이 아니라 그 말씀 안으로 깊이 들어갈 때 반응하는 순종을 말합니다. 주님께서는 우리를 말씀의 깊은 곳으로 인도하기 원하십니다. 말씀을 내 마음 대로 다루는 것이 아니라 말씀이 우리를 다스릴 때 변화가 일어납니다. 저 역시 예전에는 말씀을 다루는 목회자가 되 기를 원했습니다. 하지만 진정한 변화와 성숙은 말씀이 나를 다룰 때에만 경험할 수 있음을 깨달았습니다. 더 이상 내가 말씀을 컨트롤하는 게 아니라 말씀이 나를 컨트롤하는 것의 의미를 알게 되었습니다.

깊은 물에서 예수님을
만난 베드로처럼

베드로가 "깊은 데로 가서 그물을 내려 고기를 잡으라"(눅 5:4)는 말씀에 순종해 그물을 던졌더니 어떻게 되었습니까? 베드로는 그물이 찢어질 만큼 물고기를 많이 잡아 횡재합니다.

그렇게 하니 고기를 잡은 것이 심히 많아 그물이 찢어지는 지라 눅 5:6

우리는 보통 물고기를 많이 잡은 것에 초점을 맞춥니다. 하지만 베드로의 반응은 어땠나요? 물고기에 관심이 없고 오히려 무릎을 꿇고 회개합니다.

무릎 아래에 엎드려 이르되 주여 나를 떠나소서 나는 죄인
이로소이다 눅 5:8

철저히 자기의 죄를 깨닫게 됩니다. 무슨 죄를 고백한
것일까요? 가장 심각한 죄는 자기 의존(Self-reliance)의 죄입
니다. 자기를 믿고 의지하는 것, 자기를 위한 인생의 방향
과 의미가 죄임을 그 순간 깨달았습니다.

'깊은 물속을 보시는 예수님은 나의 마음속도 보시는
분이구나'라는 반응이었지요. 이전에는 예수님을 단지 선
생님, 치유자, 선지자로만 알고 있었지만 이제는 구세주로
새롭게 만난 것입니다. 외적인 성취가 우리를 바꾸는 것이
아니라 인생의 방향, 마음의 방향이 바뀔 때 진정한 변화가
시작됩니다.

무서워하지 말라 이제 후로는 네가 사람을 취하리라 눅 5:10

베드로는 깊은 물에서 예수님을 새롭게 만난 뒤 인생의
목적과 의미를 깨닫고 인생의 방향이 바뀌었습니다. 베드
로처럼 이렇게 다시 주님을 깊게 만나기 원하십니까? 주님
의 손을 잡고 깊은 물로 들어가십시오.

그렇다면 과연 당신의 깊은 물은 어디일까요? 베드로는 평생 갈릴리에서 어부로 자랐기 때문에 안 가본 데가 없었을 것입니다. 그에게 깊은 곳이란 밤새 노력했지만 실패한 부분을 가리킵니다.

관계의 실패, 일의 실패를 경험한 곳이 깊은 물입니다. 우리는 한 번 실패하거나 거절당하면 두려워합니다. 다시 시도하기를 꺼립니다. 그러나 실패가 회복되려면 다시 들어가야만 합니다. 간밤에는 자기의 경험과 실력으로 들어가 실패했지만 이번에는 말씀에 의지해 예수님과 함께 다시 들어간 베드로처럼 말입니다. 다시 들어가야만 비로소 깊은 회복을 경험합니다.

"가치 있는 성공들은 주로 실패와 실망을 극복한 후에 찾아온다."_헨리 워드 비처 Henry Ward Beecher

깊이 있는 사람은 실패와 실망을 극복한 사람입니다. 고난을 통과한 사람은 그 내면이 깊어집니다. 실패에서 회복되고 치유된 사람은 다른 사람의 실패를 감싸 주는 관용과 너그러움이 생깁니다. 하나님께서는 우리의 성품이 깊어지기 원하십니다. 관계의 내용이 깊어지기를, 부부나 자녀와의 관계가 더 깊어지기를 원하십니다. 예수님을 더 깊이 만날 때 진정한 변화가 일어납니다. 외형적인 것을 자꾸 바꾸는 것이 해결책이 아닙니다. 배나 그물을 바꾸는 것이 해결책이 아닌 것처럼 말입니다.

> 그들이 배들을 육지에 대고 모든 것을 버려 두고 예수를 따르니라 눅 5:11

베드로와 그의 동료들은 그 많은 물고기와 그물을 버려 두고 예수님을 따릅니다. 물고기와 그물은 그들에게 재물이자 생계였습니다. 그들은 평생 의미를 두고 의지했던 것을 내려놓았습니다. 이것이 이끄심의 시작입니다. 더 이상 물고기가 보이지 않습니다. 배나 그물도 안 보이고 오로지 예수님만 보일 뿐입니다.

깊은 물, 깊은 내면의 목소리는 우리에게 주님만 신뢰하고 따를 것을 요구합니다. 당신의 삶 가운데에도 깊은 곳으로 인도하시는 주님의 섭리가 분명히 있을 것입니다. 배와 그물이 아닌 예수님만 보이는 곳으로 말입니다. 예수님과의 깊은 교제를 통해 삶의 깊은 목적과 회복을 경험하십시오.

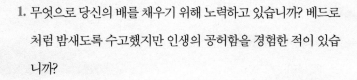

묵상과 나눔 포인트

1. 무엇으로 당신의 배를 채우기 위해 노력하고 있습니까? 베드로 처럼 밤새도록 수고했지만 인생의 공허함을 경험한 적이 있습 니까?

_____

_____

_____

2. 모든 문이 닫혀서 아무것도 할 수 없다고 느끼는 상황이 오히려 예수님의 말씀을 들을 수 있는 기회임을 알고 있습니까?

_____

_____

_____

3. 예수님께서 변화시키고 회복시켜 주시기를 바라는 당신의 깊은 곳은 어디입니까?

_____

_____

_____

✳

2장

물 위로 이끄심

마태복음 14:22-29

신앙인이라면 공통으로 가지고 있는 거룩한 소원이 하나 있습니다. 하나님의 능력을 우리 삶 가운데에서 체험하는 것입니다. 그분의 역사하심을 체험하고 싶지 않은 신앙인은 아마 없을 것입니다. 그럼에도 불구하고 왜 우리 삶 속에서는 하나님의 살아 계심과 그분의 능력이 멀게만 느껴지는 것일까요? 본문은 이렇게 시작합니다.

예수께서 즉시 제자들을 재촉하사 마 14:22

영어 성경에서 'Immediately'(즉시, 즉각)로 시작되는 이 구절을 보면 예수님께서 마치 무엇엔가 쫓기듯이 자신은 자리에 남고 제자들만 배에 태워서 보내신 장면이 나옵니다. 그 이유를 알기 위해서는 그 앞부분의 이야기를 살펴보아야 합니다. 바로 앞에는 오병이어의 기적 사건이 기록되어 있습니다. 왜 예수님께서는 오병이어 사건 다음에 그렇게 서둘러 제자들을 배에 태워 보내셨을까요? 오병이어의 기적이 속임수였기 때문에 그 자리를 피하셨던 것은 절대 아닙니다. 다음 말씀을 보면 그 이유를 추측할 수 있습니다.

> 그러므로 예수께서 그들이 와서 자기를 억지로 붙들어 임금으로 삼으려는 줄 아시고 다시 혼자 산으로 떠나가시니라
>
> 요 6:15

오병이어의 기적을 보자 무리들이 예수님을 억지로 붙들어 임금을 삼으려고 했습니다. 그것은 예수님 사역의 목적이 아니었기 때문에 서둘러서 무리를 흩으시고 제자들도 유혹받지 않도록 배에 태워서 보내신 것입니다.

이끌리는 삶이란 사람들에게 인기를 얻고 세상의 힘을 누리기 위한 것이 아닙니다. 하나님 아버지의 뜻과 영광을 이루는 것입니다. 우리의 사역도 이와 마찬가지여야 합니다. 코로나 팬데믹으로 인해 이전에 외형을 자랑했던 것들이 힘을 잃고 내적인 가치가 주목받고 있습니다. 외적인 것보다 영적인 영향력이 더욱 중요하다는 사실이 드러났습니다.

물론 교회가 건강하면 자연스럽게 성장합니다. 복음을 전하고 선교하면 당연히 하나님께서 영혼들을 더 많이 보내 주시며 맡기실 것입니다. 이것은 복음에 대해 얼마나 성실한가의 문제이지 성도들의 숫자를 우선순위에 두는 것이 절대 아닙니다. 아마도 베드로를 비롯해 다른 제자들은 정말 신이 나서 희망에 부풀었다가 바람이 훅 빠져나간 느낌이었을 겁니다. 그러나 제자들은 인간적인 실망을 통해 더욱 놀라운 예수님의 모습을 만나게 됩니다.

거친 풍랑이 일 때
특별히 개입하시는 하나님

제자들은 바다 위에서 예수님을 기다리고 있었습니다. 5,000명을 섬기는 사역을 감당했으니 얼마나 피곤했을까요? 휴식을 가져야 마땅할 시간에 불행하게도 그들은 폭풍을 만납니다. 열심히 주님을 섬겼던 제자들에게 돌아온 것은 비바람과 폭풍뿐이었습니다. 게다가 예수님이 함께 계시지 않으니 어디로 가야 할지도 모르는 상황이었습니다. 이것이 현실입니다. 오병이어의 축복을 맛보는 기쁨의 시간도 있지만 한편으로는 비바람과 폭풍을 맞는 순간도 있습니다. 폭풍우가 몰아치니 제자들의 입에서 원망과 불평이 나올 만합니다. 하나님의 뜻을 따라 열심히 섬겼으니 이제 편안한 쉼을 주셔야 하지 않냐고 투덜대기도 하고, 또 상을 주고 축복하셔야지 웬 고난이냐고 불평할 수도 있습니다. 만약에 제자들이 예수님의 말씀을 듣지 않고 딴 길로 갔다면 폭풍을 맞아도 당연하다고 생각할 수 있습니다. 요나같이 니느웨로 가지 않고 다시스로 갔기 때문에 어려움을 겪었다면 모르지만 제자들이 한 일은 주님의 명령을 따른 것밖에 없었습니다. 떠나라고 해서 떠났고, 배를 타라고 해서 배를 탔으며, 기다리라고 해서 기다린 것밖에 없었습니다. 그것도 예수님께서 재촉하셔서 말입니다.

분명한 것은 예수님을 따라가다가도 풍랑을 만날 수 있다는 사실입니다. 말씀에 순종하다가 만나는 어려움이 있습니다. 그럴 때 우리의 반응은 어떻습니까? '주님은 도대체 어디 계신가?' '예수님은 과연 믿고 따를 만한 존재인가?' '혹시 내가 잘못 들었나?' 의심하고 불평합니다. 그렇다면 제자들이 밤새 고난을 당하고 있었을 때 예수님은 어디 계셨을까요? 본문 23절 말씀을 보면 예수님은 그들이 고난받는 동안 그들을 위해서 기도하고 계셨습니다.

무리를 보내신 후에 기도하러 따로 산에 올라가시니라 저물 매 거기 혼자 계시더니 마 14:23

비록 우리의 시간과 하나님의 시간이 다를지라도 결국 예수님께서는 우리에게 다가오신다는 것을 본문을 통해서 약속하십니다. 여기서 놀라운 사실은 예수님께서 오실 때 배를 타고 오지 않고 물 위를 걸어오셨다는 것입니다. 강해 설교의 대가 존 맥아더 John MacArthur 목사는 이렇게 설명합니다.

"우리가 문제에 처해 있을 때, 하나님은 반드시 다가오신다. 그리고 그 문제 위를 걸어오신다." _존 맥아더

어느 목사님이 하루는 꿈을 꿨는데, 자기가 타고 있던 배 앞에 큰 암초가 있는 것을 발견했습니다. 배가 그 큰 암초와 충돌하면 부서지고 침몰할 것 같아 즉시 기도를 했답니다.

"하나님, 제발 눈 앞에 있는 암초를 옮겨 주십시오."

그런데 하나님께서는 암초를 옮겨 주시지 않고 더 많은 물을 보내 주셨다고 합니다. 수위가 높아져서 결국 그 암초

를 넘어가는 은혜를 보여주셨던 것입니다. 많은 경우에 문제가 사라지도록 기도하지만 하나님께서는 그 문제 위를 걸어가며 극복하기를 원하십니다.

당신은 지금 어떠한 문제들을 가지고 기도하고 있습니까? 그 문제가 사라지기보다 물 위를 지나시는 예수님을 만나게 해달라고 기도하면 어떨까요? 결국 예수님께서 물 위를 걸어서 제자들에게 다가오십니다. 그것도 밤 사경(새벽 3시 정도), 가장 풍랑이 심한 정점에서 말입니다.

바람이 거스르므로 제자들이 힘겹게 노 젓는 것을 보시고 밤 사경쯤에 바다 위로 걸어서 그들에게 오사 지나가려고 하시매 막 6:48

왜 지나가려고 하셨을까요? 제자들을 그냥 지나쳐 가려고 하신 걸까요? 이 부분은 그리스어로 'parerchomai(예수님이 지나가신다)'라고 하는데, 의역하면 '하나님이 나타나셔서 특별히 개입하심'을 의미합니다.

이 단어가 구약에서 하나님과 관련해서 사용될 때(출 33장, 왕상 19장), 하나님의 영광을 보여주시려는 사건들을 의미했습니다. 마찬가지로 오병이어 사건을 통해 광야에서 먹이고 돌보시는 하나님을 보여주셨다면, 바다를 걸어서 지나가시는 사건을 통해서는 구약에서 홍해를 가르고 이스라엘을 인도하셨던 하나님이심을 보여주려고 하신 것입니다.

주님의 말씀에 반응하며 순종하다가 만나는 풍랑에는 그분의 특별한 개입이 있다는 것을 명심하기 바랍니다. 풍랑의 목적은 물 위를 지나시는 예수님을 만나게 하시려는 데 있다는 것도 말입니다.

저 또한 큰빛교회에서 담임 목회를 시작하면서부터 거친 풍랑을 통과해야만 했습니다. 리더십 승계를 시작하는 첫해의 1월 2주 동안 북한을 방문할 목적으로 떠나셨던 임현수 목사님이 제 날짜에 돌아오시지 않았을 때만 해도 단순히 선교 일정이 변경된 줄만 알았습니다. 원래 한 주 설교는 제가 하고 그다음 주일은 임 목사님이 돌아와서 하시는 것으로 정했었는데, 함께 북한에 갔던 선교사님만 먼저 나오시고 목사님은 평양에 있는 정부 관계자의 지원 요청으로 며칠 더 있다가 나오신다는 연락을 받았던 터라 단순히 일정 연장으로 여기고 다음 주일 설교를 준비했습니다. 그러나 임 목사님의 귀국이 예상 외로 지연되면서 그 후로도 계속 주일 설교를 준비해야 했습니다. 그렇게 한 주 한

주 지나 2년 7개월의 시간이 흘렀습니다. 연락이 있은 지 몇 주 후에는 메르스 때문에 격리되셨다는 소식이 전달되어 정말 그러기를 바라며 기다렸습니다. 그 후 연락이 두절된 채 한 달이 지났고 결국 캐나다 정부로부터 임 목사님이 북한에 억류된 사실을 정식으로 통보받았습니다.

어떻게 해야 할지 정말 앞이 캄캄했습니다. 교회의 리더로서 어떻게든지 이 상황에 대응하고 수습해야 했습니다. 평탄해도 쉽지 않은 것이 목회인데 마치 폭풍이 불어닥친 것 같았습니다. 간절히 주님께서 물 위를 걸어 다가오시기를 기도했습니다. 임 목사님의 억류 문제가 빨리 해결되기를 바라는 우리의 기대와 달리, 정부의 전문가들은 최선을 다하겠지만 안타깝게도 장기전이 될 것이라고 전망했습니다. 하나님의 개입을 간구할 수밖에 없었습니다. 저는 도저히 이 상황을 감당할 자신이 없었습니다.

지금 돌이켜보면 당시 하루하루가 어떻게 지나갔는지 모를 정도로 긴장하며 지냈던 시간이었습니다. 그리고 2017년 8월 임 목사님이 기적적으로 석방되어 캐나다로 무사히 귀환하시게 되었습니다. 억류되신 지 2년 7개월이 지난 후였습니다. 당시 정치적으로나 외교적으로 북한과의 관계가 호전된 상황이 아니었습니다. 그러나 북한 측은 어떠한 대가를 요구하지도 않았습니다. 무엇이 김정은과 북한의 마음을 움직였는지 인간적으로 설명할 수 없지만 급작스럽게 억류되셨던 목사님은 마침내 무사히 돌아오셨습니다.

그 모든 순간이 물 위를 걸어서 다가오신 예수님을 만나는 시간이기도 했습니다. 풍랑과 같은 어려운 환경을 뛰어넘을 수 있을 만큼 우리 신앙을 한 단계 끌어올리시려는 하나님의 숨은 뜻이 느껴졌습니다. 이처럼 신앙이 더욱 깊어지거나 더 높이 도약하는 일은 풍랑을 통해 찾아옵니다.

배에서 나와야 물 위를 걸을 수 있다

제가 감명 깊게 읽었던 존 오트버그 목사의 책 중에 《If you want to walk on water, you've got to get out of the boat》라는 책이 있습니다. 한국어로는 《단순하게 믿으라》는 제목으로 번역 출간되었지만 직역하면 '물 위를 걷기 원한다면 배에서 나와야 한다'는 내용입니다.

오트버그 목사는 예수님이 물 위를 걸어서 다가오셨을

때, 제자들이 유령이 나타났다고 소리를 지르던 모습을 상상해 보라고 말합니다. 열두 명의 다 큰 어른들이 서로 껴안고 소리 지르는 모습을…. 그때 예수님께서 이렇게 말씀하십니다.

안심하라 나니 두려워하지 말라 마 14:27

그러자 베드로가 즉시 주님께 간청합니다. 바로 여기서 우리가 잘 아는 대로 베드로가 물 위를 걷는 기적을 경험하게 됩니다.

주여 만일 주님이시거든 나를 명하사 물 위로 오라 하소서
마 14:28

예수님께서 오라고 하시니 베드로는 배에서 내려서 물 위를 걷기 시작합니다. 저는 이 대목을 읽을 때마다 베드로를 부러워합니다. 저 또한 그곳에 있었더라면, 그리고 베드로처럼 물 위를 걷는 체험을 했다면 얼마나 좋았을까? 흥미로운 사실은 열두 명의 제자들 중에서 베드로만이 물 위를 걸었다는 것입니다. 같은 시간, 같은 현장에 있었다고

해서 모두가 물 위를 걸은 것은 아니었습니다. 무엇이 베드로에게 물 위를 걷게 했을까요?

우선 그에게는 간절한 소원이 있었습니다. 주님의 말씀과 능력을 삶에서 직접 체험하기를 원했습니다. 우리가 잘 아는 대로 인간이 물 위를 걷는 것은 불가능합니다. 그러나 베드로에게는 자기가 할 수 없는 것을 하나님의 능력으로 직접 경험하고 싶은 간절한 소원이 있었습니다.

오늘날 많은 성도가 대리만족으로 신앙생활을 하며 살아갑니다. 수많은 간증, 설교를 들을 때마다 마치 그것이 자신들의 간증인 것처럼 여깁니다. 마치 일류 대학, 일류 회사에 다니면 엘리트가 된 것으로 생각하듯이 이름 있는 교회에 다니면 영적인 엘리트가 된 것으로 여깁니다. 특정한 사람들의 놀라운 간증을 들을 때마다 하나님께서 지금도 살아 계심을 확인합니다. 분명 그분은 일하고 계십니다. 그렇지만 실제로 우리의 삶은 어떻습니까? 아직까지 간접적인 신앙생활을 통해 대리만족을 하며 살고 있지는 않나요?

제자들은 분명 예수님께서 물 위를 걸으시는 능력을 눈으로 똑똑히 보았습니다. 베드로는 거기서 만족하고 물러서지 않았습니다. 주님께서 걷게 해 주시기를, 삶 속에서 주님을 직접 경험하기를 원하며 간절히 기도했을 것입니다. 그런데 문제는 물 위를 걸으려면 배에서 나와야 한다는 사실입니다. 안타깝게도 다른 제자들은 배에서 나오지 못했습니다.

그렇다면 당신의 배(boat)는 무엇입니까? 나를 보호하고 있는 것들이 배일 수 있습니다. 바로 그것이 그다음 단계로 나아가는 데 장애물이 될 수도 있습니다.

바쁘다는 핑계, 내가 만든 우선순위, 믿고 의지하는 관계들, 심지어는 오랫동안 헌신하며 이루어 낸 사역들까지도 우리의 배가 될 수 있습니다. 거기에는 과거의 성공, 경험, 노하우도 포함됩니다. 제 경우에는 영어 목회가 저를 보호하는 배의 역할을 했습니다. 전도사 시절부터 20년 이상 영어권 목회를 감당했고 큰빛교회에 돌아와서 하나님의 은혜 가운데 놀라운 축복을 경험했기 때문입니다.

처음 부임했을 때 50여 명이던 회중이 함께 성장하며 700여 명으로 늘어났고, 이미 재정과 인사에서 독립된 권한을 가지고 당회를 구성할 수 있게 되었습니다. 때로는 임현수 목사님께서 늘 든든하게 옆에 계셔 주시니 평생 신나게 안정적인 목회를 할 수 있겠다는 생각이 들기도 했습니다. 1.5세 영어권 목사가 한국어 목회를 담임하는 것 자체가 배에서 나오는 것으로 여겼습니다.

　사도행전을 보면 사마리아에서 부흥을 경험한 빌립을 성령님께서는 광야로 이끌어 내십니다. 배 안에만 있으면 이끄심 받지 못하는 삶을 살아갈 수도 있습니다. 배 안에 있어야 할 때가 있고 나와야 할 때가 있습니다.

　물 위를 걷는 신앙이란 하나님만을 완전히 의지하는 자세를 의미합니다. 하나님이 간섭하시지 않고는 도저히 불가능한 일들을 믿음으로 이뤄 나가는 것을 말합니다. 우리가 가지고 있는 실력이나 노력으로 실현할 수 있는 것들은 땅 위를 걷는 것이지 물 위를 걷는 것은 아닐 것입니다. 살아가면서 재정적으로 힘든 관문을 지날 때 나의 머리와 자원, 관계에 의지해 풀어 나간다면 그것은 땅 짚고 헤엄치는 신앙이겠지요. 반면에 하나님을 믿고 전적으로 의지한다면 그것이 바로 물 위를 걷는 신앙입니다.

　우리의 사역도 마찬가지입니다. 도저히 내 실력과 힘으로는 감당할 수 없지만 하나님의 간섭하심과 성령의 역사하심을 간절히 사모하며 나아가는 것이 바로 물 위를 걷는 것입니다. 하다못해 주위에 있는 친구나 동료들을 전도하는 데도 물 위를 걷는 신앙이 필요합니다. 물 위를 걷는 것이 반드시 특별한 일이나 프로젝트여야 하는 것은 아닙니다. 직장에서 동료나 상사에게 용기를 내어 전도하는 것도 물 위를 걷는 신앙입니다. 자녀를 하나님께 맡기면서 믿음으로 내어드리는 것도 포함됩니다.

난관에 부딪혔을 때 자신의 실력과 경험으로 문제없이 해결한다면 우리가 한 것이 되겠지만 반대로 불가능한 상황임에도 문제가 해결된다면 그것은 바로 하나님께서 하신 일이라고 간증할 수 있습니다. 우리의 재정, 관계, 사역, 그 모든 영역 가운데에서 주님을 의지하며 물 위를 걸어 나갈 때 하나님이 역사하시는 기적을 체험할 수 있게 됩니다.

믿음과 모험을 분별하는 기준은
주님의 말씀

여기서 가장 중요한 요소는 바로 주님의 말씀입니다. 베드로의 물 위를 걷는 신앙은 말씀에 기초한 것이었습니다. 28절에 "나를 명하사 물 위로 오라 하소서"라는 베드로의 간구가 그것을 증명합니다. 그는 주님이 말씀만 하시면 능력을 입을 수 있다는 것을 잘 알고 있었습니다. 힘, 지혜, 사람, 시간, 물질 그것이 무엇이든 상관없이 일단 하나님께서 명하시면 하나님께서 책임져 주심을 믿어야 합니다. 단지 우리에게 필요한 것은 순종뿐입니다.

하나님께서 모세에게 나타나셔서 이스라엘 백성을 출애굽시킨다고 하셨을 때 모세는 "주님, 제가 적임자인지 어떻게 아셨습니까?"라고 하지 않았습니다. 자신의 부족함으로는 할 수 없음을 고백했습니다. 사탄은 아직도 우리에게 '너는 할 수 없다'고 속삭이며 거짓말을 합니다. 그렇기 때문에 우리의 귀를 어디에 맞추는가가 너무나 중요합니다. 사역이든 집안 대소사든 무엇을 결정하려고 할 때마다 여러 견해가 있을 수 있습니다. 그럴 때 저는 기도하며 말씀에 충만한 분들의 이야기에 제 귀를 먼저 맞춥니다.

반대로 주님께서 말씀하시지 않았는데 물 위를 걸으면 어떻게 되겠습니까? 물에 빠지게 됩니다. 그것은 믿음이 아니라 모험입니다. 저는 하나님께서 시키지 않았는데 자신의 야망과 꿈을 위해 물 위를 걷다가 빠진 사람들을 주위에서 많이 보았습니다.

물 위를 걷는 신앙이란 모험의 신앙이 아니라 하나님의 말씀과 순종에 기초한 신앙을 가리킵니다. 따라서 우리는 발을 내딛기 전에 베드로와 마찬가지로 항상 이 질문을 해야 합니다.

"주여 만일 주님이시거든 나를 명하사 물 위로 오라 하소서."

그것이 바로 하나님의 뜻을 분별하는 삶입니다.

어려운 상황에서 교회를 이끌어가다 보니 주위에서 각자의 의견을 제시하며 불만의 소리를 내는 분들도 있었습니다. 캐나다 정부에 가서 강력히 항의시위를 하고 하루속히 임 목사님의 석방을 요구하라는 것이었습니다. 집에 불이 났으면 불을 꺼야지 가만히 있으면 어떻게 하느냐는 우려의 소리도 있었습니다. 물론 불이 났으면 불을 꺼야 합니다. 하지만 이 사건은 화재 사고가 아니라 억류 사건이었습니다. 캐나다 정부가 억류했으면 마땅히 시위를 해야겠지만 정부는 최선을 다해 도와주려고 노력하는 상황이었습니다. 그렇다고 임 목사님의 안전과 무사 귀한을 위해 북한 정부를 자극할 수 있는 상황도 아니었습니다.

처음에는 임 목사님의 아들 성진 군이 저에게 대변인의 역할을 부탁했습니다. 하지만 언론에 신경 쓰고 에너지를 소모하면서 목회를 감당하는 것은 무리였습니다. 그래서 교회 교육부를 섬기고 있는 2세 영어권 리사 목사님을 추천하고 저는 목회에 집중하기로 했습니다.

또한 모든 일을 진행할 때 캐나다 정부와 임 목사님의

가족, 교회가 하나 되어 뜻을 모으고 기도하면서 대응해 나가기로 결정했습니다. 더불어 주변의 여러 소리에 동요하지 않기로 했습니다. 캐나다 상원의원 연아 마틴과 임 목사님의 아들 성진 군, 대변인으로 섬긴 리사 목사, 그리고 저 이렇게 네 사람이 자주 정보를 교환하며 대처해 나갔습니다. 어느 쪽으로도 치우치지 않고 사람의 소리에 흔들리지 않으며 기도하는 가운데 나아가기를 원했습니다.

물 위를 걷는 신앙은 편하지 않습니다. 배에서 무작정 나오면 물에 빠지고 젖습니다. 고생이 될 수도 있습니다. 배 안에만 있는 그리스도인들은 자꾸 배 안에 있는 문제만 보고 까다롭게 이러쿵 저러쿵 지적합니다. 배에서 나오지 않으면 밖의 상황을 자세히 알지 못할 뿐만 아니라 누리지도 못합니다. 결국 배 밖에서 예수님의 역사하심을 더욱 자세히 구체적으로 경험하게 됩니다.

삶에서 풍랑을 맞닥뜨리면 그 물 위를 지나시는 예수님을 만나기 바랍니다. 이왕 시작한 신앙생활이라면 하나님의 능력과 역사하심을 경험하기를 소망하십시오. 배 안에만 있었던 열한 명의 제자가 아니라 말씀과 순종으로 이끄심을 받아 물 위를 걸었던 베드로처럼 몇 발자국이라도 주님의 손을 잡고 물 위를 걸어가 보기를 권합니다.

묵상과 나눔 포인트

1. 문제를 해결해 달라고 기도했는데 오히려 예수님의 놀라운 은
   혜와 사랑을 깊이 체험하도록 이끄심을 받은 적이 있습니까?

_____

_____

_____

_____

2. 배 밖으로 나와야 물 위를 걸을 수 있다는 점에 대해 어떻게 생
   각합니까? 당신의 실력과 힘으로 감당할 수 없는 일을 만났을
   때 비로소 배 밖으로 나갈 수 있다는 사실을 알고 있습니까?

_____

_____

_____

_____

3. 평소에 하나님의 뜻을 분별하기 위해 어떻게 하는지 잠시 생각해

봅니다. 언제나 하나님의 말씀을 먼저 듣고 행동하고 있습니까?

아니면 주변 상황에 쉽게 휩쓸리거나 자신의 야망에 이끌려 가고

있습니까?

_____

_____

_____

_____

3장

두려움에서 믿음으로 이끄심
마태복음 14:25-33

물 위를 걸어가는 시간은 하나님의 개입하심을 경험하는 시간이지만, 한편으로는 영적인 긴장을 늦출 수 없는 시간이기도 합니다.

임현수 목사님께서 북에 억류되신 상황은 온 교회가 영적으로 간절히 하나님께 매달리는 시간이었습니다. 그동안 목회하며 쌓아온 경험, 전략, 은사로는 풀 수 없는 상황이었습니다. 북한과 정치적으로 소통하며 풀어갈 수 있는 문제는 더더욱 아니었습니다. 앞에서 말했듯이 언론을 통해 혹은 정치적으로 캐나다 정부를 압박해 신속하게 처리해야 한다는 목소리도 있었습니다. 심지어 비공식적으로 북한과 돈으로 협상하자는 의견도 있었습니다. 실제로 어느 중국 선교사가 찾아와 북한의 권력자와 연결되어 있는 브로커가 있는데, 교회가 30만 달러를 송금하면 임 목사님을 빼낼 수 있다고도 했습니다.

캐나다와 북한의 외교 관계는 돈으로 해결할 수 있는

차원이 아닙니다. 이제는 다 지난 일이라 말할 수 있지만, 임 목사님의 북한 선교를 재정적으로 후원하던 미국의 대기업가 한 분이 북한 권력의 최측근을 통해 100만 달러를 줄 테니 임 목사님을 풀어 달라고 간곡히 부탁한 일도 있었습니다. 그 당시에는 모든 언론이 민감하게 이 사건을 주시하고 있었기 때문에 이런 사실을 성도들에게도 알릴 수 없었습니다.

그러나 교회 리더들과 가족들은 누구와도, 어떤 돈으로도 해결하려 하지 않고, 오로지 기도하며 결정하기로 했습니다. 오직 하나님을 신뢰하며 모든 소통 창구는 캐나다 정부를 통해서만 하는 것으로 했습니다. 그리고 하나님의 방법과 시간으로 해결해 주실 것을 신뢰하기로 마음을 정했습니다.

오히려 이를 위해 여러 차례 기도 집회를 하면서, 성도들과 토론토의 많은 교회가 연합하며 한마음이 되는 놀라운 일이 일어났습니다. 많은 성도가 교회에서, 야외에서, 그리고 매서운 눈바람이 부는 캐나다 오타와 국회의사당 앞에서 추위보다 더 뜨겁게 기도했습니다. 정부의 지도자들에게 지혜를 주시고 은혜 베푸시기를 간구하고, 임 목사님은 물론, 억류되어 있는 다른 분들과 북한 땅을 위해서도 기도했습니다. 이 기도 열풍은 미국 동부와 서부 그리고 한국을 비롯해 선교지에까지 퍼져 나갔습니다. 이때가 교회들이 북한 땅을 위해 가장 많은 시간, 가장 열렬히 기도했던 기간이 아니었나 생각합니다.

주일 설교는 평소처럼 본문 중심의 복음 시리즈와 베드로 등 제자도에 대한 말씀을 준비해 성도들에게 전했습니다. 이럴 때일수록 상황에 맞춘 주제보다 오히려 하나님 말씀 중심의 설교를 하는 것이 교회와 성도들에게 더 유익하다고 생각했기 때문입니다. 그렇지만 마음 한구석엔 여전히 두려움이 자리하고 있었습니다. 주변 사람들이 정말 이러다가 목사님께서 영영 풀려나지 못하시면 어쩌나, 이 어두운 터널은 언제 끝날 것인가 하는 얘기를 할 때면 겉으로는 침착하려 했지만, 마음속은 불안과 걱정이 이만저만이 아니었습니다. 긴장과 스트레스 탓에 잠결에도 이가 상할 정도로 어금니를 꽉 깨무는 버릇이 생겼습니다.

우리는 믿음의 반대는 불신앙이라고 생각하지만, 성경은 믿음의 반대는 두려움과 염려라고 말합니다. 성경에서 가장 많이 나오는 명령은 '사랑하라' '섬기라'도 아닌 바로 '두려워 말라'입니다. 바로 이 두려움이 우리가 하나님의 말씀과 뜻대로 살아가는 것을 가장 크게 가로막습니다. 그래서 '두려워 말라' '염려하지 말라'라는 말씀이 성경에 무려 366번이나 나옵니다. 미국 의회 원목을 역임한 로이드 오길비 Lloyd Ogilvie 목사는 그 이유를 이렇게 설명합니다. "우리가 일 년 365일 매일 걱정하면서 사니까 365일 동안 날마다 두려워하지 말라고 말씀하시고도 부족해서 한 번 더 염려하지 말라며 366번 말씀하셨다"고 말입니다.

여호수아서를 보면 모세의 리더십을 승계한 여호수아에게 하나님께서 두려워하지 말라고 반복해서 말씀하신 장면이 나옵니다. 그 이유는 여호수아가 정말 두려워했기 때문입니다.

우리는 어제 믿음으로 승리했어도 오늘 다시 두려워하며 걱정합니다. 실력과 가진 것이 부족해서 두려워하고, 닥친 상황과 사람들에 두려움을 느낍니다. 예측하지 못한 상황이 닥칠까 봐 두려워하고, 또 예측한 상황이 다가올 것도 두려워합니다. 어떤 분은 지금 잘되고 있다는 이유로 또 불안해 합니다. 있어도 불안하고, 없어도 불안한 것이 바로 인간의 연약함입니다. 그렇다면 예수님은 어떻게 두려운 상황에도 베드로를 믿음으로 이끄셨을까요?

두려움은
믿음의 현주소

두려움은 내면에서 사라지지 않습니다. 숨어 있다가 어떤 상황이 닥치면 다시 모습을 드러냅니다. 베드로는 예수님의 말씀을 의지해 물 위를 걷고 있었습니다.

오라 하시니 베드로가 배에서 내려 물 위로 걸어서 예수께로 가되 마 14:29

놀라운 순간이었습니다. 몇 발자국을 걸었는지 모르지만 그는 바람을 보고 곧 두려워합니다.

바람을 보고 무서워 빠져 가는지라 소리 질러 이르되 주여 나를 구원하소서 하니 마 14:30

이 말씀을 통해 두려움은 우리가 예수님을 보지 않고 상황을 보기 때문에 찾아오는 것임을 알 수 있습니다. 바로 '바람(상황) ⇒ 두려움 ⇒ 물에 빠짐'이라는 순서입니다. 상황 때문에 우리의 옛 습성이 다시 드러나 우리 생각과 마음, 행동을 지배합니다. 원래 베드로로 하여금 물 위를 걸을 수 있게 한 것은 예수님의 말씀과 능력이었습니다. 바람이 안 분다고 물 위를 걸을 수 있는 것은 아니었습니다. 원리는 바뀌지 않았는데, 초점이 상황으로 옮겨졌기 때문입니다.

우리를 두렵게 만드는 상황들은 무엇인가요? 불확실한 미래일 수도 있습니다. 대한민국의 20, 30대 사망 원인 중 1위가 자살이라는 뉴스를 접합니다.

점점 살기 힘들어지는 세상에서 코로나 팬데믹까지 겹쳐 경제와 사회의 앞날은 더욱 어둡게만 느껴집니다. 각국의 이권 다툼으로 일어나는 전쟁들, 자연 질서의 파괴, 그로 인한 질병과 다양한 변이 바이러스의 출현에 대한 두려움도 있습니다. 교회는 다음 세대에 대한 우려도 가지고 있습니다. 이렇듯 두려움은 바로 우리 내면에서부터 밖으로 드러납니다.

"Fear leads to fight or flight. 두려움은 우리로 하여금 공격하거나 회피하게 한다." _오래된 영어 속담

일반적으로 두려움에 싸여 있을 때 사람들은 공격하거

나 회피하거나 둘 중 하나로 반응한다고 합니다. 누구를 비판하거나 정죄하고 원망하는 공격적인 자세를 보이는 경우가 있는가 하면, 잠적하거나 아무것도 하지 못하고 마비된 채로 두려운 상황을 회피하는 모습을 보이기도 합니다. 평소에는 신앙생활을 잘해 교회에서 직분까지 얻지만, 어려운 상황에 처해 두려움이 찾아오면 이런 연약한 모습으로 반응하는 분들을 보게 됩니다. 두려움은 영적인 눈을 가려 제대로 보지 못하게 만듭니다. 상황에 갇혀 보지 못하니 신앙이 마비되어 버립니다.

신앙생활이란 하나님의 개입을 믿는 것입니다. 베드로가 걸을 수 있었던 것은 물 위에 서 계시는 예수님 덕분인줄 믿기 바랍니다. 결국 우리를 걷게 하는 것은 상황이 아니라 하나님의 개입을 바라보는 것입니다. 두려움 가운데 가장 먼저 기도해야 하는 것은 하나님의 개입하심을 볼 수 있는 눈을 열어 달라는 것입니다.

수년 전에 아프가니스탄 카불에 단기선교 팀을 이끌고 간 적이 있습니다. 그곳에서 만난 젊은 선교사 부부와 어린 아이들의 모습이 아직도 생생합니다. 선교지의 열악한 상황에서도 그 어린아이들이 얼마나 행복하고 평안해 보이던지요. 바로 엄마와 아빠가 곁에 있었기 때문입니다. 마찬가지로 우리는 하나님께서 일하시는 것을 볼 때 두려움이 사라집니다. 믿음을 종교생활이나 행위로 측정하는 경우가 많습니다. 저는 바람이 부는 상황에서도 하나님을 볼 수 있는 것이 바로 믿음이라 생각합니다. 육체적인 눈으로 보지 못하는 것을 영적인 눈을 열어 보는 것이 믿음입니다.

천만인이 나를 에워싸 진 친다 하여도 나는 두려워하지 아니하리이다 시 3:6

내가 평안히 눕고 자기도 하리니 나를 안전히 살게 하시는 이는 오직 여호와이시니이다 시 4:8

어떠한 상황에서도 주님이 우리와 함께하심을 믿을 때 두려움을 극복하게 됩니다.

불신은 죄의 뿌리, 두려움은 죄의 열매

더 엄밀히 이야기하자면 두려움은 죄의 열매이지 뿌리

는 아닙니다. 잡초는 뿌리째 뽑아야 하는데 위에 드러난 것만 제거하려고 하니 완전히 없어지지 않는 것처럼 두려움도 해소되지 않고 계속 찾아옵니다.

그러면 뿌리는 무엇인가요? 에덴동산에 죄가 들어오면서 하나님을 향한 신뢰가 깨져 버린 것 그 자체가 뿌리입니다. 그로 인한 열매가 두려움이었습니다. 물론 우리는 하나님을 두려워하는 존재로 창조되었습니다.

여호와를 경외하는 것 the fear of the Lord 이 지식의 근본이거늘 미련한 자는 지혜와 훈계를 멸시하느니라 잠 1:7

거룩한 두려움은 하나님을 무서워하기보다 그를 인정하고 경외하는 것을 의미합니다. 그런데 하나님에 대한 온전한 사랑과 신뢰를 저버리고 더 이상 하나님을 두려워하지 않게 되는 순간 부정적인 두려움이 자리를 잡게 되고, 그 결과 하나님이 아닌 다른 것들을 두려워하게 됩니다.

"Worry is not believing God will get it right, and bitterness is believing God got it wrong. 염려는 하나님께서 제대로 일을 못 하실 것이라고 믿을 때 찾아오며, 쓴 뿌리는 하나님께서

잘못하셨다고 믿을 때 찾아온다." _팀 켈러 Tim Keller

'과연 하나님께서 제대로 일하실 수 있을까?' 이렇게 자신이 없으니 불안하고 두려워집니다.

믿음이 작은 자여 왜 의심하였느냐 마 14:31

베드로는 '예수님께서 정말 나를 걷게 하실까?'라는 의심이 들었습니다. 바람이 없으면 가능하지만 바람이 불면 불가능할 거라고 생각합니다. 생각해 보면 바람은 이미 예수님께서 물 위를 걸어 찾아오시기 전부터 불고 있었습니다. 배 안에 있을 때도 바람은 불었고, 배 밖에 나와 있을 때도 불고 있었습니다.

신앙생활을 하면서 불안한 이유는 하나님이 내가 원하는 대로 이루어 주시지 않을지도 모른다는 두려움 때문입니다. 주님과 동행하는 것은 절대로 자기 의지로 시작할 수 없는 일인데도, 언제부터인가 자기를 보기 때문에 두려움이 생길 수밖에 없는 것입니다. 자기중심적인 사고가 내 안에 뿌리내려 나의 배가 되어 버리면, 그 배에서 밖으로 나오는 것을 두려워합니다. 그래서 그 사람이 어떠한 두려움의 요소(fear factor)를 가지고 있는가를 알면 믿음의 내용과 깊이를 가늠할 수 있습니다.

하나님과 그분의 약속 안에 소망의 닻을 내리기보다 어떠한 구조, 아이디어, 사람, 또는 물질 가운데 내릴 때가 많습니다. 신앙의 기본적인 요소들을 신뢰하지 못할 때 금세 무성한 잡초 같은 열매를 맺습니다. 죄의 뿌리는 우리 자신이 주인이 되어 컨트롤하기를 원하는 것입니다. 하나님께 간절히 기대지 않고 스스로 다룰 수 있기를 원합니다.

"하나님, 더 이상 이런 문제로 고민하지 않게 해 주세요. 재정의 어려움을 해결해 달라는 기도가 필요 없을 만큼 물질을 넉넉히 공급해 주세요. 자녀의 앞날을 위해 간절하게 하나님께 매달리지 않아도 될 정도로 자녀들이 성공하게 해 주세요"라며 하나님의 다스림을 받기보다 자신이 하나님을 컨트롤하려 합니다. 그리고 우리는 다스림을 받는 상황을 두려워합니다. 결국 문제는 우리 자신임을 깨달아야 합니다. 문제가 있어도 두렵고 문제가 없어도 두려워하는 것이 사람입니다.

"공포감을 조성하려는 사람은 사랑받기도 겁낸다. 두려움이 가장 큰 사람은 누구보다도 본인이다. 남들은 그 사람만 두려워하지만, 그는 모든 사람을 두려워하기 때문이다." _성 프 란치스코 드 살레 Saint Francis de Sales

두려움은 결국 나의 마음 가운데 하나님을 신뢰하지 못 하는 근본적인 뿌리의 문제가 맺은 열매임을 깨닫고 다시 그 문제를 맡길 때 이겨 낼 수 있습니다.

2015년 1월 말에 임 목사님께서 북한에 들어가신 후 억류가 확인된 지 거의 6개월 후인 7월 말, 임 목사님의 모습을 방송을 통해 볼 수 있었습니다. 목사님에게 '북한의 체제를 모독하고 국가 전복 행위를 감행했다'는 말도 안 되는 무서운 혐의가 씌워졌고, 또 목사님이 그것을 인정하는 충격적인 기자회견 모습이 보도되었습니다. 그 내용에 대해서 목사님을 모르는 사람들이나 사회의 반응은 각양각색이었습니다. 하지만 우리 교회는 지난 25년간 목사님의 발자취와 인품을 잘 알고 있기에 그곳에서 우리가 알 수 없는 많은 일이 일어나고 있으며, 보이는 것은 빙산의 일각임을 이해하고 주님을 더욱 신뢰했습니다.

연약하고 야윈 목사님의 모습에서 그분이 의도한 메시지가 무엇인지, 또 그 마음이 어떠했는지 읽을 수 있었습니다. 그리고 그해 12월 임 목사님에게 '무기 노역형', 즉 종신형이 선고되었습니다. 하늘이 무너질 것 같은 소식을 접한 순간 그 두려움은 이루 말할 수 없었습니다. 종신형은 말 그대로 목사님을 평생 그곳에 묶어 놓는다는 의미였습니다. 정말 이대로 평생을 기다려야 하는가 암담했지만, 곧 우리를 불쌍히 여기고 끝내 구해 주시는 하나님의 섭리를 붙잡고 오히려 큰 위로를 경험했습니다. 장소와 시간을 초월하시는 하나님의 임재가 북한 땅에서도 목사님과 함께하심을 믿으며 저 자신과 성도들을 위로했습니다.

"하나님의 허락이 없으면 참새 한 마리, 머리털 하나도 떨어지지 않기에 생명을 주관하시는 분은 오로지 여호와 한 분이시다. 어차피 불가능한 상황 가운데에서 해결해 주실 분은 하나님 한 분밖에 없다."

나중에 임 목사님께서 간증과 책을 통해 나누신 위의 말씀처럼 종신형을 선고받은 그날 하나님께서 오히려 목사님을 위로해 주시며 다양한 모습으로 자신의 현재와 앞날도 안전하게 보호할 것을 확증해 주셨다고 합니다.

교회는 믿음으로 임 목사님께서 돌아오시기를 기다리기로 결정했습니다. 저는 목사님께서 돌아오실 때까지 취

임 예배를 하지 않았습니다. 이미 목사님께서 북한에 들어가시기 전에 노회 소속 목사님들에게 리더십 승계에 대해 말씀을 다 해 놓으셨고 행정상으로도 인계 절차가 완료되었지만, 교회 공식 웹사이트나 담임목사실 등 모든 것을 그대로 유지하며 기다리기로 했습니다. 저에게 주어진 사명은 목양이지 포지션이 아니었기 때문입니다.

근본적인 것이 무엇인지를 알게 되니 우선순위가 명확해졌습니다. 감사한 것은 교회 리더들과 성도들이 한마음이 되어 주신 것입니다. 두려움을 이길 수 있는 것은 상황이 아니라 하나님을 전적으로 신뢰하는 것임을 깨달았기 때문이었습니다.

예수님 손 붙잡고
두려워도 한 걸음씩

두려움과 사랑은 항상 반비례합니다. 두려움 때문에 배에 남는다면 단순히 신앙의 안주에서 끝나는 것이 아니라 마음이 더 굳어져 강퍅해질 수도 있고, 심지어 신앙이 후퇴할 수도 있습니다. 반대로 사랑하면 두려움이 조금씩 사라지기 시작합니다.

> 사랑 안에 두려움이 없고 온전한 사랑이 두려움을 내쫓나니
> 두려움에는 형벌이 있음이라 두려워하는 자는 사랑 안에서
> 온전히 이루지 못하였느니라 요일 4:18

배 안에 있으나 물 위를 걸으나 결국 이 두려움과 싸울 수밖에 없습니다. 물 위를 걸었던 베드로도, 조용히 배 안에서 있었던 열한 명의 제자들도 똑같이 두려움과 싸워야만 했습니다. 말씀은 아는데 말씀의 능력을 체험하지 못한 성도들은 더 많이 배우고 훈련받는다면 두려움을 극복할 수 있을 것이라고 오해합니다. 또 제자훈련이나 성경공부를 더 열심히 한다면 두려움이 해결될 것이라 생각합니다. 실패가 두려워 시작조차 못하거나 다시 포기하는 경우도 많습니다.

베드로가 물 위를 걷다가 잠깐 물에 빠지는 실패는 아무것도 아닙니다. 그가 실패를 통해서 또 하나 배운 것이 있는데 물에 빠지면 즉시 예수님께서 붙잡아 주신다는 것입니다. 우리는 실수하지만 하나님은 실수하시지 않는 분입니다. 물에 빠지는 실패보다 더한 비극은 아무것도 하지

않는 것입니다. 그것은 바로 배 안에 안주한 나머지 아무것
도 체험하지 못하고 두려움 가운데 구경만 했던 열한 명의
제자들의 신앙이 아닌가 생각해 봅니다.

물 위를 걸어가며 하나님의 살아 계심을 경험하는 것
만이 그 두려움을 극복할 수 있는 길입니다. 그 사실을 알
고 실패를 두려워하지 말아야 합니다. 아니 두렵더라도 한
발자국씩 걸어 보아야 합니다. 성경은 신앙생활을 걷기
(walking)로 표현합니다.

예수께서 즉시 손을 내밀어 그를 붙잡으시며 마 14:31

하나님께서 우리의 믿음을 붙잡아 주심을, 아니 이미
그분은 우리 인생을 붙잡고 계심을 믿기 바랍니다. 주권자
이신 하나님을 바라보십시오.

여호와여 나의 발이 미끄러진다고 말할 때에 주의 인자하심
이 나를 붙드셨사오며 내 속에 근심이 많을 때에 주의 위안
이 내 영혼을 즐겁게 하시나이다 시 94:18-19

두려울 때 필요한 것은 배 안으로 돌아가는 것이 아님

니다. 예수님의 손을 붙잡는 것입니다. 아니 예수님의 손에 붙잡히는 것입니다. 이끄심에 반응하는 자는 붙잡힘을 경험합니다. 그의 손에 붙잡힌 바 되어 한 발자국씩 그분과 함께 믿음과 순종의 걸음을 시작해 보십시오.

묵상과 나눔 포인트

1. 오늘날 우리는 한 치 앞을 내다볼 수 없는 불확실성의 시대를 살아가고 있습니다. 그러한 불확실성은 쉽게 두려움에 빠지게 합니다. 당신이 가장 두려워하고 있는 것은 무엇입니까? 그러한 두려움의 원인을 깊이 생각해 본 적이 있습니까?

_____

_____

_____

2. 두려움에 빠져 있을 때 사람들은 회피하거나 공격하거나 둘 중 하나의 반응을 보이게 됩니다. 당신은 주로 어떤 반응을 보입니까? 시편 3장 6절과 시편 4장 8절을 묵상하면서 두려움의 뿌리는 무엇이며, 어떻게 믿음으로 두려움의 문제를 다룰 수 있을지 생각해 봅시다.

_____

_____

_____

3. 믿음은 내 의지가 아닌 예수님의 손이 이끄시는 대로 발걸음을 내딛는 것입니다. 지금 내 삶에서 예수님께 전적으로 의탁해야 할 영역은 무엇입니까?

_____

_____

_____

*

4장
십자가로 이끄심

마가복음 8:27-38

예수님을 따르는 삶은 십자가를 지는 삶입니다. 십자가를 지는 삶은 진정 예수님을 따르는지, 겉치레로만 종교생활을 하는지 구별하는 기준이 됩니다.

우리는 원조(Original), 정통(Authentic), 진짜(Real), 순수(Pure), 진품(Genuine)과 같은 단어를 자주 씁니다. 사실 가짜나 '짝퉁'이 없다면 진짜라고 굳이 언급할 필요가 없을 텐데 말입니다. 사람들이 '리얼리티 쇼(Reality show)'를 좋아하는 이유도 여기에 있습니다. 꾸며 낸 것들에 식상해졌기 때문이지요.

복음도 마찬가지라고 생각합니다. 요즘은 교회를 안 다니는 사람들이 오히려 교회를 걱정하는 시대가 되었습니다. 성공 신화, 성취주의, 물질주의, 기복 신앙 등의 메시지들이 예수 그리스도의 진정한 복음(authentic gospel)의 가치를 흐리게 하고 있습니다.

그렇다면 이런 메시지와 진정한 복음을 어떻게 구별할

수 있을까요? 몇 년 전 김동호 목사님이 어느 교회에서 말씀하신 십자가의 도에 대한 내용이 마음에 와 닿았습니다. 1970년대와 비교하면 시대는 물론 교회도 많이 바뀌었다고 했습니다. 이전에는 직분이 너무 부담되어 사양했는데, 이제는 장로나 목회자란 직분을 마치 벼슬인 양 여기는 사람들도 생겨나 염려스럽다는 내용이었습니다.

이 지구상에는 여전히 그리스도인을 박해하는 국가들이 존재하고, 예수를 믿는다는 이유로 핍박을 당하거나 그 믿음을 지키기 위해 순교하는 지하 교회 성도들이 있음에도 한국 교회나 이민 교회의 현재 모습은 어떠한지 돌아볼 필요가 있습니다.

저는 현재 한국어권 1세 목회와 영어권 2세 목회를 동시에 감당하면서 두 문화권의 비슷한 점과 차이점을 경험합니다. 그것은 직분자를 세울 때입니다. 영어권에서는 수년 동안 장로를 세우는 데 어려움이 있었습니다. 서로 맡지 않겠다고 사양하기 때문입니다. 지금 세워진 장로님들도 여러 번 사양하다가 결국 교회에서 꼭 필요하다는 요청으로 고민 끝에 헌신하셨습니다. 반면에 이민 교회 한국어권에서 직분자를 세우는 것이 어려운 이유는 조금 다릅니다. 피택이 안 될 경우에 힘들어하는 분들이 있기 때문입니다.

임현수 목사님께서 북에 억류되시기 전에 브라질 원주민 선교지에 몇 주 동안 함께 동행했습니다. 그때 임 목사님께 25년 동안 이민 목회를 하면서 가장 어려운 점이 무엇인지 여쭤어 보았는데 주저하지 않고 장로 선거할 때라고 하셨습니다. 과거에는 머리로만 이해되었던 것이 목회를 이어 가면서 점점 더 사실적으로 이해되며 어려움에 공감하게 됩니다.

과연 예수님께서 제자들에게 말씀하신 십자가는 어떤 의미인지 나누고자 합니다.

십자가, 진짜 복음을
구별하는 잣대

수많은 무리가 예수님의 기적, 치유, 가르침에 매료되어 몰려왔습니다. 문제는 그를 어떤 분으로 알고 있는가입니다. 예수님께서 제자들에게 물으십니다.

"무리가 나를 누구라 하느냐?"

그들은 세례 요한, 엘리야, 그리고 선지자 중의 하나라고 생각했습니다.

제자들이 여짜와 이르되 세례 요한이라 하고 더러는 엘리
야, 더러는 선지자 중의 하나라 하나이다 _{막 8:28}

　사람들은 하나님의 사람이 기적을 베푸는 것 이상은 별
관심이 없었을 것입니다. 고(故) 후안 카를로스 오르티즈 ^{Juan}
^{Carlos Ortiz} 목사의 《제자입니까?》라는 책에 따르면 무리는 기
적에만 관심이 있었지, 예수님이 정확히 어떠한 분이신지
는 몰랐습니다. 그들은 볼거리에만 관심을 가졌던 까닭에
볼거리가 떨어지면 흩어졌습니다. 복음보다 복음이 주는
보너스에 더 관심이 있었던 것입니다.
　저는 대학 1학년 때 지금 제 아내와 교제를 시작했습니
다. 당시 저희 집은 토론토 제일 동쪽에 있었고, 제 아내의
집은 서쪽 끝에 있었습니다. 제가 다니던 학교는 북쪽 끝에
있었고, 아내의 학교는 남쪽 끝에 있었습니다. 종일 가게
일을 하셔야 했던 부모님은 저에게 차를 장기로 빌릴 수
있도록 허락해 주셨는데, 저는 그 차로 동쪽에서 북쪽에 있
는 학교에 갔다가 남쪽으로 내려가 여자친구를 만난 후 서
쪽 끝에 있는 그녀의 집에 데려다주고 저의 집으로 돌아오
곤 했습니다. 이렇게 거의 4년을 연애하다 보니 리스했던
자동차의 마일리지가 엄청나게 쌓여 아버지는 엄청난 벌

금을 지불하셔야 했습니다. 당시 연료비와 보험료도 많이 냈던 기억이 납니다.

대학 졸업 후 미국으로 유학을 떠나기 전에 양가로부터 결혼 허락을 받았습니다. 당시 저와 아내는 스물다섯, 스물셋으로 친구들 가운데 가장 먼저 결혼한 커플이었습니다. 당연히 자동차 유지비가 절약되었습니다. 하지만 마일리지나 유지비를 절약하기 위해 결혼한 것은 아닙니다. 그것은 보너스일 뿐입니다. 서로 사랑했고 또 하나님께서 주신 사명대로 훈련받기 위해 함께 미국으로 유학 가기로 결심하고 결혼했던 것입니다.

본질을 추구하노라면 때로는 그 대가를 지불해야 합니다. 또 때에 따라서는 보너스가 주어지기도 합니다. 하지만 중요한 것은 대가나 보너스보다 본질에 집중하는 것입니다. 복음보다 대가에 집중하다 보면 윤리와 율법을 앞세우게 됩니다. 보너스에 집중하면 기복 신앙이 되기도 합니다.

당신에게 예수님은 어떠한 분입니까? 베드로는 예수님이 어떤 분인지 잘 알고 있었습니다.

"주는 그리스도시니이다"(막 8:29)라는 베드로의 고백이 우리의 고백이 되기를 바랍니다. 하지만 그런 베드로조차 예수님께서 죽음과 고난, 십자가를 말씀하실 때 항변했습니다.

> 드러내놓고 이 말씀을 하시니 베드로가 예수를 붙들고 항변
> 하매 막 8:32

베드로는 예수님께 권리 주장(A sense of entitlement)을 합니다. 우리는 하나님께 무언가를 해 드린다는 잘못된 생각을 가지고 있습니다. 우리는 자주 그분께 우리가 뭔가를 해 드리는 것처럼 생각합니다. 예수님께서는 제자들을 부르셨지, 빌면서 구걸하지 않으셨습니다. 믿으라고 명령하셨지, 제발 믿어 달라고 애걸하지 않으셨습니다. 그랬다면 십자가를 언급하지 않으셨을 것입니다.

카일 아이들먼 Kyle Idleman 은 《Not a fan-팬인가, 제자인가》라는 책에서 이러한 예를 듭니다. 결혼할 나이가 된 첫째 딸을 위해 신랑감을 찾겠다면서 대문짝만 한 광고를 내고 값비싼 경품을 내걸고 제발 우리 딸과 결혼해 달라고 한다면 과연 딸의 가치가 올라갈까, 아니면 내려갈까 하는 질문입니다. 오늘날 교회에서도 성도들에게 이러한 자세로 신앙생활을 하도록 이끄는 것은 아닌지 모르겠습니다. 마치 교회를 위해서, 하나님을 위해서 무언가를 해 준다는 느낌

을 갖도록 만드는 것 말입니다. 그러다 보니 나중에는 베드로처럼 권리 주장까지 하게 됩니다.

예수님께서 말씀하십니다.

> 사탄아 내 뒤로 물러가라 네가 하나님의 일을 생각하지 아니하고 도리어 사람의 일을 생각하는도다 막 8:33

성령님의 이끄심에 따라 고백했던 베드로가 순식간에 사탄의 유혹에 빠지고 맙니다. 악한 영들도 예수님이 누구신지 베드로보다 더 먼저 알았습니다. 결국 차이점은 십자가입니다. 사탄은 오늘도 우리를 속이려 합니다.

"다른 것 다 이야기해도 좋다, 십자가만 빼고!"

리더십, 기도 응답, 축복, 자녀 양육, 상담, 치유, 비전, 많은 기적…. 이것들은 복음의 본질이 아닙니다. 덤으로 주시는 보너스입니다. 그래서 사탄은 정작 본질인 십자가는 거북하게 여기도록 만듭니다. 십자가 없이는 진정한 구원과 생명이 없는 걸 잘 알고 있기 때문입니다.

진짜 복음으로 돌아가는 길은 십자가의 도(道)밖에는 없습니다. 오늘날 그리스도인들에게 문제가 있다면, 그것은 예수님을 몰라서가 아닙니다. 베드로처럼 정답은 잘 알고 있습니다. 오늘날 최고의 설교를 골라서 듣는 성도들은 예수님이 누구신지 안다고 신앙 고백은 하지만, 십자가의 능력 없이 살아갈 수 있다고 생각합니다. 십자가는 선택이 아니라 필수입니다.

그렇다면 십자가는 무엇을 의미합니까? 십자가는 한 가지를 붙잡기 위해 다른 것들을 포기하는 것을 의미합니다. 마치 부부가 결혼할 때 서약하는 것과 마찬가지입니다. 결혼 서약을 한다는 것은 서로 상대방을 평생의 동반자로 정하고 약속(commit)하는 것입니다. 마음을 정하는 것입니다. 결혼식에서 제 아내에게 'Yes'라고 대답한 순간 저는 다른 여성들에게 'No'를 한 것입니다. 그리고 아내만 바라보겠다고 약속한 것입니다. 우리 신앙생활도 마찬가지입니다. 우리가 주님께 'Yes'를 고백한 순간 우리는 이 세상에서 우리가 섬겼던 모든 우상에게 'No'를 해야 합니다.

데이비드 왓슨David Watson이 쓴《제자도》에 이런 이야기가 나옵니다. 어느 청년이 나이 든 그리스도인에게 물었습니다.

"그리스도와 함께 십자가에 못 박힌다는 것은 무엇을 의미합니까?"

그 노인은 "십자가에 못 박힌 사람은 오직 한 방향만을 볼 수밖에 없습니다. 그는 뒤돌아볼 수 없습니다"라고 대답했습니다.

예수님께서 십자가를 지실 때, 쉽게 갈 수 있는 선택과 유혹들이 많았지만, 주님은 일찌감치 하나님 아버지의 뜻에 마음을 정하고 예루살렘으로 가셨습니다. 십자가를 진다는 것은 주님만 바라보는 것입니다. 복음에 추가되거나 덤으로 주어지는 보너스가 아닌 예수 그리스도만 바라보는 것을 뜻합니다. 복음으로 인한 사명 하나만을 붙잡는 것입니다. 우리는 자신이 복음의 본질을 붙잡고 있는지 보너스를 붙잡고 있는지 살펴보아야 합니다.

십자가는 딛고 올라서는 것이 아니라 짊어지는 것

사탄의 플랜 B는 무엇일까요? 바로 잘못된 십자가를 지도록 유혹하는 것입니다. 십자가는 성공을 위한 다리가 아닙니다. 사탄은 성공을 위해 십자가를 디딤돌(stepping stone)처럼 이용하도록 유혹합니다. 하나님의 이름을 이용해 꿈이나 야망을 이루려는 잘못된 동기를 가진 십자가입니다.

예수님께서 공생애를 시작하며 광야에서 금식하실 때 사탄이 두 번째로 유혹한 내용은 예수님이 자신을 위한 영광을 스스로 증명하고 나타내도록 하는 것이었습니다. 스타가 되면 팬은 많이 생기겠지만 예수님께서는 팬을 원하지 않으셨습니다. 팬은 경기를 같이 뛰지 않습니다. 하나님 나라의 백성이라 함은 예수님께서 우리의 왕이 되신다는 것을 의미합니다. 그분은 단순한 보험 세일즈맨이 아닙니다.

성도들 중에는 3가지 유형(3C)이 있습니다. 첫 번째 유형은 손님(Customer)입니다. 손님은 본인이 원하는 것을 찾아 쇼핑합니다. 심지어 교회 쇼핑(Church Shopping)이라는 단어를 사용하기도 합니다. 이 교회, 저 교회 들락거리면서 내가 원하는 것을 충족시켜 줄 수 있는 교회를 찾습니다. 그리고 원하는 것이 채워질 때는 출석하고 그렇지 않으면 또 다른 교회를 찾아 떠납니다. 쇼핑할 때의 기준은 자신의 편리함과 실속, 그리고 욕망의 충족 등일 것입니다.

우리 모두가 제자로서 교회 공동체가 되어야 하는데, 교회를 다니기만 하니 그저 손님에 머무는 경우를 봅니다. 손님은 충족되지 않으면 얼마든지 옮길 수 있습니다. 이 교회, 저 교회 옮겨 다니는 분들이 많기에 이제는 '처지 호핑 (Church Hopping, 교회에서 교회로 옮겨 다니기)'이라는 단어도 생겼습니다. 분명한 것은 손님으로 교회를 다니는 사람은 온전히 신앙의 뿌리를 내리기 어렵다는 것입니다. 하나님께서는 공동체를 통해 영적인 공급을 받도록 만드셨기 때문입니다. 복음은 하나님과 나와의 개인적인 관계에 머물지 않습니다. 반드시 이웃과의 관계, 지체와의 관계를 통해 본질의 깊이를 깨닫게 됩니다. 하나님께서는 공동체를 통해 영적인 터치와 성장, 성숙을 경험하게 하십니다.

두 번째 유형은 고객(Client)입니다. 손님과 고객의 차이점은 무엇일까요? 바로 로열티(loyalty)라는 차이가 있습니다. 고객은 단골이라는 개념을 가지고 있기에 손님보다 충성도가 더 높습니다. 웬만하면 쉽게 바꾸지 않습니다. 한 교회를 오랫동안 다니는 고객 유형의 성도들이 있는데, 고객도 손님과 마찬가지로 서비스를 요구하는 측면에서는 같습니다. 교회를 섬기는 곳으로 보기보다 여전히 서비스를 받겠다는 자세로 나오기 때문입니다. 손님은 요구가 충족되지 않을 때 교회를 옮기지만 고객은 자신이 원하는 것을 더 정확하게 구체적으로 요구합니다. 예배의 취향과 분위기, 본인들에게 필요한 사역, 섬김 등을 요구합니다. 오랫동안 공동체의 일원이었기에 그러한 요구는 충분히 할 수 있다고 생각하기 때문입니다. 그러나 하나님께서 원하시는 신앙생활은 고객과 같은 자세도 아닙니다.

세 번째 유형은 제자(Core Committed Member)입니다. 하나님께서 원하시는 모습입니다. 고객과 제자의 결정적인 차이는 무엇일까요? 고객이 예배의 분위기, 기도의 분위기를 원할 때, 제자는 그 분위기를 만들어 갑니다. 손님과 고객이 섬김을 요구할 때 제자는 직접 섬깁니다. 공동체와의 관계 가운데 연약함과 부족함, 어려움이 있을 때 그 부분을 함께 고민하며 주 안에서 채워 나갑니다. 교회는 영적인 가족이기도 합니다. 가족은 기쁨도 어려움도 함께합니다. 어려움이 있을 때 함께 감당해 이겨 냅니다. 이러한 지체들이 많아질수록 교회는 건강하게 성장할 수 있습니다.

교회는 단순히 종교적인 단체나 사교적인 모임이 아닙니다. 교회는 그리스도의 몸이며 서로를 섬길 때 역동적으로 성장하는 유기체입니다. 예수님께서 우리에게 주신 복음적 사명을 감당하기 위해 함께 헌신하는 운명적 공동체의 일원이 되는 것입니다.

어떻게 해서든지 이러한 제자의 헌신을 막으려고 했던 사탄은 교묘하게 베드로를 사용했습니다. 조금 심하게 말하면 베드로는 예수님을 길들이려고 했을지도 모릅니다. 혹시 나도 베드로와 같이 기도하고 있지는 않은지 돌아보아야 합니다. 예수님을 길들이는 기도, 내 마음대로 움직이려는 기도 말입니다.

그리고 여기에서 분별해야 할 또 한 가지가 있습니다. 자기의 십자가를 지고 따르라는 초청입니다. 자기 십자가를 지라고 말씀하셨는데 인심이 너무 좋아서 자꾸 남의 십자가까지 지려고 합니다. 없는 것까지 빌려서 지는 십자가, 남에게 보이기 위한 십자가의 경우입니다. 율법주의, 비교의식, 죄책감, 체면 등으로 인해 인간이 지어낸 거짓 십자가입니다. 잘못된 십자가는 잘못된 헌신을 요구합니다.

> 누구든지 나를 따라오려거든 자기를 부인하고 자기 십자가를 지고 나를 따를 것이니라 막 8:34

십자가는 불교에서 말하는 업이 아닙니다. 자기 십자가를 지라고 말씀하셨는데, 남의 십자가까지 지려고 할 때에 쓴 뿌리, 후회, 원망만 남습니다. 사탄은 어떻게 해서든지 우리가 십자가를 지지 못하게 방해합니다. 그런데 그 방법이 통하지 않으면 플랜 B를 사용합니다. 잘못된 십자가를 지게 하는 것입니다. 평생 져 왔는데 돌아보니 자기 것이 아니라면 얼마나 억울하겠습니까?

'자기를 부인하는 것'이 자기의 십자가입니다. 여기에서 자기는 목숨, 생명, 프시케(psyche, 정신)를 포함합니다. 프시케는 심리학(psychology)이라는 단어의 어원이기도 합니다. 팀 켈러 목사는 이렇게 설명합니다.

"이것은 남들과 구별되는 개인의 정체성, 개성, 자아를 의미한다. 즉 개성을 버리라는 뜻이 아니라 세상적인 것에서 정체성을 얻으려고 하지 말라는 뜻이다."

성과에서 존재의 의미를 찾으려는 것을 그만두는 것, 낡은 정체성을 버리고 복음에서 새로운 삶의 의미를 찾는 것이 진정한 십자가인 셈입니다. 성과를 통해서 존재감을 찾는 헌신, 고생, 섬김의 십자가는 잘못된 십자가입니다. 혹시 십자가를 믿고 신앙생활을 하고 있지는 않은지, 잘못된 십자가, 남의 십자가를 지고 가는 것은 아닌지 살펴보는 시간을 갖기 바랍니다.

버리지만 오히려 얻는
십자가의 역설

누구든지 자기 목숨을 구원하고자 하면 잃을 것이요 누구든지
나와 복음을 위하여 자기 목숨을 잃으면 구원하리라 막 8:35

십자가의 복음은 그 자체가 역설입니다. 복음은 좋은
소식인데 짊어져야 할 십자가와 함께 생각한다면 모순
(Oxymoron)으로 보일 수 있습니다. 우리는 뜨거운 국밥을
먹으면서 '시원하다'고 합니다. '좋아 죽겠다'는 말도 합니
다. 좋은데 왜 죽겠다는 겁니까? 모순된 말 같지만 더 강한
표현이 됩니다. 십자가는 버리는 길인데 오히려 얻는 길이
라고 말씀하십니다. 자신을 버리는 길인데 진정한 자신을
찾게 됩니다. 십자가는 자기 비하가 아닙니다.

내 인생의 의미를 찾고자 하는 분들이 많이 있습니다.
그러나 자꾸 나 자신이 찾으려고 하면 잃어버립니다. 그것
을 내려놓고 나를 하나님께 드리는 순간 십자가의 능력을
통해 나와 내 인생의 의미를 찾게 됩니다.

"자신을 포기하면 진정한 자신을 얻으리라. 목숨을 잃으면

목숨을 구원하리라. 죽음, 즉 매일 자기 야망과 소원의 죽음, 결국에는 몸 전체의 죽음에 온전히 순응하면 영생을 얻으리라. 그 무엇도 움켜쥐지 말라. 손에서 놓지 않은 것은 진정으로 우리의 것이 될 수 없다. 우리 안에서 죽지 않은 것은 부활할 수 없다. 자신을 추구하면 결국에는 미움과 외로움, 절망, 분노, 파멸, 부패만 얻는다. 하지만 그리스도를 추구하면 그분을 찾을 뿐 아니라 나머지도 덤으로 따라온다."_C. S. 루이스 C. S. Lewis

십자가는 역설의 극치입니다. 지는 길인 것 같은데 이기고, 비우는 것 같은데 충만해집니다. 비참하고 수치스러운 길인데 하나님의 영광을 맛보게 합니다. 고난의 길인 것 같지만 실망, 고통, 어려움을 통해 진리를 깨닫게 하시고, 죄를 지었는데 회개로 더 큰 은혜를 부어 주십니다.

십자가의 도가 멸망하는 자들에게는 미련한 것이요 구원을 받는 우리에게는 하나님의 능력이라 고전 1:18

말씀과 내 안에 있는 자아가 부딪칠 때 괴로워하며 씨름하는 가운데 하나님의 진리를 깊이 깨닫게 됩니다. 그리

고 제자의 삶, 열매의 삶, 생명의 삶, 성숙의 삶, 사랑의 삶
으로 이끌리게 됩니다.

결혼도 마찬가지 아닙니까? 북미에서는 결혼하면 세
개의 반지(3 Rings)를 받게 된다는 농담이 있습니다. 첫 번
째는 약혼할 때 받는 약혼반지(Engagement Ring), 두 번째는
결혼식 예물 교환용 결혼반지(Wedding Ring), 그리고 세 번
째는 바로 고난(Suffering)이라는 반지라고 합니다. 뼈 있는
농담이 아닐 수 없습니다. 부부는 함께 고난을 겪으며 서로
를 깊이 알아 가고 사랑하게 됩니다.

인생의 걸림돌을 발견하고 그것을 내려놓을 때 십자가
를 온전하게 질 수 있습니다. 십자가를 통과하며 우리는 변
화합니다. 예수 그리스도의 성품을 닮아 가게 됩니다. 더
나아가 복음을 위한 고난도 통과하게 됩니다.

임현수 목사님께서 북한에 억류되어 고난을 감당하시
는 날이 길어질수록 저의 마음도 초조해졌습니다. 그럴 때
면 임 목사님을 위해 늘 기도해 주시던 김하중 장로님의
말씀을 떠올렸습니다. 하나님께서 임 목사님을 사랑하시
고 그곳에 선교사로 파송하셔서 전 세계가 기도하게 만드
셨다는 위로의 말씀이었습니다. 그리고 잠시가 아니라 요
셉처럼 적어도 2년 넘게 그곳에 머물게 하실 것으로 알고

마음의 준비를 하라고 당부하셨습니다. 고난의 시간이 길어질수록 오히려 하나님의 영광이 드러날 것을 나중에 기대하자는 말씀이었습니다. 기간이 길어지는 만큼 하나님께서 놀랍게 사용하실 것이라고 하셨습니다. 그 격려와 위로가 큰 힘과 용기를 주었습니다. 이것이 영광의 고난이라고 한다면 그리스도의 영광을 위한 고난은 얼마나 더 큰 가치가 있겠는가 생각해 보는 계기가 되었습니다.

"형제여! 우리가 선을 행함으로 우리의 죄가 상쇄되어 구원받는 것이 아니요, 우리의 공로 없어도 오직 믿음으로 구원을 얻으니 바로 이것이 역설의 은총이라오." _성 어거스틴

고난이 영광이 되는 비결은 그리스도의 십자가가 우리를 변화시키는 데 있습니다. 죄인 된 우리가 구원과 영생을 얻는 놀라운 능력입니다. 모든 죄를 용서하는 능력입니다. 그 십자가를 지고 갈 때 우리는 변화할 수밖에 없습니다. 엄밀히 이야기하면 내가 십자가를 지는 것이 아니라 십자가가 나를 보호해 줍니다. 신앙생활이 힘들고 시험이 자꾸 찾아온다는 것은 십자가를 졌기 때문이 아니라 십자가가 없어서 그런 것입니다. 십자가는 절대로 비참한 비극이 아

닙니다. 십자가를 지는 일이 사랑과 성령의 충만함 가운데 이루어지면 가장 영광스러운 여정이 됩니다. 가장 기쁜 생명의 부르심이지요. 예수님의 영광에 동참하는 것입니다.

"그리스도의 십자가는 내가 져 본 짐 중에 가장 달콤한 것이다." _ 새뮤얼 러더퍼드 Samuel Rutherford

십자가는 종교의 덫이 아닙니다. 하나님은 십자가를 통해 우리에게 전부를 부어 주셨습니다! 우리 예수님은 너무나도 좋은 분이십니다. 우리를 절대로 실망시키지 않으십니다!

묵상과 나눔 포인트

1. 성도들 중에는 3가지 유형(손님·고객·제자)이 있습니다. 이 세 가지 유형의 차이는 무엇이고, 당신은 어떤 유형에 더 가깝다고 생각합니까?

_____

_____

_____

_____

2. 십자가의 복음은 역설적입니다. 고린도전서 1장 18절의 말씀을 묵상하고 십자가의 길이 어떻게 치유와 회복과 승리의 길이 되는지를 생각해 봅시다.

_____

_____

_____

_____

3. 예수님은 '자기' 십자가를 지고 예수님을 따르라고 말씀하셨습니다. 자기 십자가를 진다는 것은 무엇을 의미할까요? 당신은 예수님이 지워 주신 십자가를 지고 있나요? 아니면 잘못된 십자가, 다른 사람의 십자가를 지고 있지는 않은가요?

_____

_____

_____

＊

5장

멈춤의 자리로 이끄심

마가복음 9:2-8

예수님은 사명을 감당하시기 전에 제자들을 이끌고 멈춤의 자리로 가셨습니다. 예루살렘에 입성하기 전에 베드로, 야고보, 요한과 함께 높은 산에 올라가 그곳에서 변형된 모습을 보이셨습니다.

엿새 후에 예수께서 베드로와 야고보와 요한을 데리시고 따로 높은 산에 올라가셨더니 그들 앞에서 변형되사 막 9:2

변화산 사건에는 여러 신학적인 의미가 있지만, 특별히 멈춤과 사명의 관점에서 나누고자 합니다. 멈춤의 시간은 하나님 앞에서 우리의 자아를 발견하는 시간입니다. 어떠한 일을 시작하기 전에 우리 안에 있는 목적, 방향성, 동기를 점검하는 시간이 되기도 합니다. 멈춤의 훈련을 통해 우리 내면을 하나님의 말씀 가운데 든든히 뿌리내리는 놀라운 축복을 경험하게 됩니다. 그리고 삶의 균형과 무게 중심을 잡게 됩니다.

배에는 무게 중심을 잡아 주는 밸러스트(ballast, 바닥짐)가 실려 있습니다. 바닥짐은 선박이 균형을 잡고 전복되는 것을 막기 위해 설치하는 것으로, 주로 배 밑에 물이나 모래를 채웁니다. 무게 중심을 제대로 잡아 주지 않으면 배가 기울어지고 뒤집히기 때문입니다. 끔찍한 세월호 사건도 바닥짐의 불균형에서 시작된 것입니다.

고난, 시험, 유혹이 찾아와 신앙이 흔들려도 영적인 바닥짐으로 중심을 잡으면 끄떡없습니다.

확고한 정체성과
흔들리지 않는 사명

변화산 사건에서 두 가지 놀라운 요소를 찾을 수 있습니다. 바로 '정체성'과 '하나님의 영광'입니다.

십자가의 복음은 좋은 소식입니다. 십자가에는 생명이 있습니다. 자유가 있습니다. 십자가의 비밀을 이해한 자들에게는 부활의 소망이 있습니다. 그런데 왜 많은 그리스도인에게는 그런 생명, 자유, 부활의 소망이 비추지 않는 것일까요? 십자가의 길은 결코 쉬운 길이 아니기 때문입니다. 그래서 베드로와 같은 수제자조차 고백은 있으나 십자가를 거부하고 반대하는 일이 계속 벌어집니다. 그만큼 십자가의 길에는 수많은 도전과 어려움이 놓여 있습니다. 그 길을 감당할 수 있는 첫 번째 비결은 확고한 정체성입니다. 정체성의 확립을 통해 흔들리는 사명을 바로잡습니다.

"엿새 후에"(막 9:2)로 시작하는 본문은 십자가에 대한 예고와 연관성을 강조하고 있습니다. 변화산 사건이 없이는 십자가의 사명을 완수할 수 없기에 예수님은 제자들을 데리고 높은 산으로 올라가셨습니다. 이 변화산에서 가장 먼저 예수 그리스도의 정체성이 신비롭고 영광스러운 모습으로 드러납니다.

> 높은 산에 올라가셨더니 그들 앞에서 변형되사 그 옷이 광채가 나며 세상에서 빨래하는 자가 그렇게 희게 할 수 없을 만큼 매우 희어졌더라 막 9:2b-3

그뿐 아니라 모세와 엘리야가 함께 등장합니다. 모세가 구약에서 율법의 대표임을 상징한다면 엘리야는 선지자의 대표임을 상징합니다. 예수님은 율법과 예언의 완성자로

이 땅에 오셨습니다. 박영선 목사님은 이들과 예수님 사이의 두 가지 공통점을 더해 설명합니다.

우선, 모세와 엘리야 모두 이스라엘 백성으로부터 배척당하는 어려움을 겪었다는 것입니다. 마찬가지로 메시아로 오신 예수 그리스도께서도 이스라엘 백성에게 십자가를 통해 버림당하게 될 것을 준비하셨습니다. 멈춤의 시간은 준비의 시간이었습니다. 예수님의 십자가는 세상의 관점으로 보면 버림받음과 저주의 상징이었습니다. 실패로 보입니다. 그렇기 때문에 인간의 관점으로 인생을 평가하는 우리는 흔들릴 수밖에 없습니다.

또한 모세와 엘리야는 공통적으로 중재자 역할을 했습니다. 모세는 백성으로부터 배신당했지만 여전히 하나님 앞에 나아가 용서를 구하며 기도했습니다. 엘리야도 마찬가지로 중재자의 역할을 감당하며 백성의 마음을 돌이키도록 기도했습니다. 예수님은 모세와 엘리야보다 더 뛰어나고 온전한 중보자로 오셨습니다.

너희는 내가 호렙에서 온 이스라엘을 위하여 내 종 모세에게 명령한 법 곧 율례와 법도를 기억하라 보라 여호와의 크고 두려운 날이 이르기 전에 내가 선지자 엘리야를 너희에

게 보내리니 그가 아버지의 마음을 자녀에게로 돌이키게 하
고 자녀들의 마음을 그들의 아버지에게로 돌이키게 하리라
돌이키지 아니하면 두렵건대 내가 와서 저주로 그 땅을 칠
까 하노라 하시니라 말 4:4-6

구약 성경의 마지막 말씀이 예수님을 통해 성취됨을 변
화산에서 나타내셨습니다. 변화산에서 예수님의 정체성이
온전히 드러납니다.

마침 구름이 와서 그들을 덮으며 구름 속에서 소리가 나되
이는 내 사랑하는 아들이니 너희는 그의 말을 들으라 하는
지라 막 9:7

이는 예수님이 하나님의 사랑하는 아들임을 다시 확인
시켜 주는 내용입니다. 공생애를 시작하실 때에도 동일한
음성을 들으셨습니다.

하늘로부터 소리가 나기를 너는 내 사랑하는 아들이라 내가
너를 기뻐하노라 하시니라 막 1:11

배신, 상처, 실망 속에서 흔들리지 않는 비결은 하나님 안에서의 확실한 정체성을 갖는 것입니다. 예수님은 사랑하는 내 아들이라는 하나님의 음성을 듣고 공생애를 시작하셨고 십자가를 감당하셨습니다.

우리도 마찬가지로 하나님의 사랑으로 부르심을 받은 자들입니다. 정체성과 사명감은 떼려야 뗄 수 없는 관계입니다. 나는 누구인가, 우리의 정체성은 무엇에 의해 형성되는가 점검해 보아야 합니다. 세상적인 기준, 즉 학력, 경력, 성공과 실패, 인간적인 성취와 공로 등으로 인정받는 것이 아닙니다. 내가 오늘 서 있는 이유는 사람에게 보이는 것이 아니라 하나님께서 주신 정체성에서 비롯된 것임을 매 순간 기억해야 합니다.

3대에 걸친
아름다운 리더십 승계

한국 교회에서 후임 목회자와 전임 목회자의 갈등에 대한 이야기들을 종종 접합니다.

많은 경우 그 갈등의 원인은 바로 이 정체성 때문이 아닌가 생각해 봅니다. 후임자가 겪는 유혹은 빨리 자신을 증명하고자 하는 것입니다. 전임자의 흔적을 지우려고 할 때도 있습니다. 예전에 있었던 하나님의 놀라운 역사와 은혜를 이해하지 못하고 새로운 것을 하려고 합니다. 자신의 정체성을 이해하지 못하면 역할에도 혼돈이 생깁니다.

여러 교회에서 새로운 담임 목회자를 청빙하는 과정을 유심히 살펴보았습니다. 목회자에게 목회 비전에 대해 물어보는 것이 대부분입니다. 사실 안 좋은 비전은 없습니다. 하지만 제 기억으로는 지원하는 교회의 이야기(스토리)에 대해서 얼마나 이해하고 있으며 그 안에서 자신의 역할은 무엇이라 생각하는지 이야기해 보라는 내용은 거의 없었던 것 같습니다. 그러다 보니 새로운 목회자가 이전 것을 모른 채 새로운 역사를 써 가려 하고, 그것이 곧 갈등으로 연결되는 것이 아닌가 생각합니다.

사도 바울은 그러한 의미에서 자신의 정체성과 역할을 잘 알고 있었습니다. 고린도교회에서 베드로, 아볼로, 그리고 자신을 비교하는 성도들을 향해 확신을 가지고 설명합니다.

그런즉 아볼로는 무엇이며 바울은 무엇이냐 그들은 주께서

각각 주신 대로 너희로 하여금 믿게 한 사역자들이니라 나
는 심었고 아볼로는 물을 주었으되 오직 하나님께서 자라나
게 하셨나니 그런즉 심는 이나 물 주는 이는 아무것도 아니
로되 오직 자라나게 하시는 이는 하나님뿐이니라 고전 3:5-7

또한 반대로 전임자가 받는 유혹도 있습니다. 잊히고
싶지 않은 유혹, 자신이 희생하고 헌신한 영역이 지워지지
않기를 바라는 유혹입니다.

그런 의미에서 큰빛교회가 3대에 걸쳐 아름답게 리더
십 승계가 일어난 것에 대해 궁금해 하는 분들이 많았습니
다. 많은 사람이 임현수 목사님께서 큰빛교회를 개척하셨
다고 알고 있지만, 실제로는 1984년에 1대 고(故) 박재훈
목사님께서 다섯 가정으로 교회를 시작하셨습니다.

박 목사님은 평생 음악가로 활동하신 분으로 수많은 동
요와 찬송가를 작곡하셨습니다. '산골짝의 다람쥐' '엄마
엄마 이리와' '시냇물은 졸졸졸졸' '펄펄 눈이 옵니다' '높
고 높은 하늘이라' 등 150여 곡의 동요와 '어서 돌아오오
(527장)' '지금까지 지내온 것(301장)' 등 500여 곡의 찬송가,
그리고 '에스더' '손양원' '유관순' 등의 오페라까지 작곡하
고 한국 교회 제1호 지휘자로도 활약하셨습니다.

그분은 토론토 이민 초기, 교회가 많이 없던 시절에 하나님의 절대적인 이끄심에 의해 목사 안수를 받고 교회 사역을 시작하셨습니다. 젊은 시절 신학을 공부했지만 목회보다 평생 음악가의 사명대로 살아오신 목사님. 당시 토론토 영락교회 김재광 목사님은 그런 박 목사님을 권면해 직접 목사 고시를 보게 하고 안수까지 받게 하셨습니다. 박 목사님은 그렇게 생각지도 못했던 목회를 시작하시게 되었습니다. 박 목사님 생전의 모습이 기억납니다. 목사님은 하나님께 예배와 찬양을 드릴 때 매우 엄격했던 분이었습니다. 하나님께 최고의 찬양을 올려드려야 한다고 늘 말씀하셨습니다.

그렇게 예배를 사모하던 분들이 모여 100여 명이 되었을 때, 한국대학생선교회(C.C.C.) 임현수 간사님이 토론토에 유학을 오면서 큰빛교회 전도사로 부임하셨습니다. 이후 박 목사님은 선교와 성경공부에 열정과 은사가 있고, 훈련을 받은 임 목사님을 부목사로, 그리고 2대 담임목사로 세우고 본인은 성가대 지휘자로서 후임 목회자의 목회를 도우셨습니다. 이 일은 쉽지 않은 결정이었고, 이민 교회의 특별한 간증이 되었습니다.

임현수 목사님은 큰빛교회를 선교하는 교회로, 제자 양

육에 힘쓰는 교회로 세우기 위해 25년 넘게 열정적으로 목회하셨습니다. 그리고 북한과 세계 선교를 위한 동원 사역에 특별한 부르심을 받아 60세의 나이에 조기 은퇴를 하신 후 지금까지 선교사로서 사역을 감당하고 계십니다.

그리고 부족한 제가 3대 목회자로 청빙을 받게 되었습니다. 2대와 3대 목회자의 공통점은 교회 안에서 세움을 받았다는 것, 그리고 선임 목회자가 교회에서 계속 목회할 수 있는 조건임에도 교회를 위해 후임 목회자를 세우고 옆에서 섬겨 주셨다는 것입니다. 예기치 못한 임 목사님의 억류 상황에서도 든든한 후원자이자 버팀목이 되어 주셨던 박재훈 목사님 덕분에 저는 흔들리지 않고 기도로 이끄심을 구할 수 있었습니다. 임 목사님의 억류 기간이 점점 길어지고 답답한 상황이 이어질 때도 지치지 않도록 한결같이 곁에서 저를 독려해 주셨습니다. 늘 예배가 끝난 후에는 성도들을 배웅하고 있는 저에게 직접 오셔서 "오늘 설교 참 좋았어. 수고 많았어"라며 격려해 주셨습니다.

큰빛교회는 박재훈 목사님의 교회도, 임현수 목사님의 교회도 아닙니다. 새로 부임한 저의 교회도 아닙니다. 주님의 교회이며 우리 모두는 각자에게 주어진 역할을 감당할 뿐입니다.

우리는 때로 정체성을 망각하고 자신이 모든 것을 할 수 있다는 착각, 자신이 아닌 다른 사람이 되려는 함정에 빠지게 됩니다. 그럴 때가 가장 위험합니다. 따라서 사명을 감당하기 위해서는 말씀 안에서 정체성을 확실히 깨닫는 것이 중요합니다. 그래야만 그렇지 않을 때 찾아오는 어려움과 도전들 앞에서 흔들리지 않고 사명의 길을 완주할 수 있습니다.

하나님께서 당신을 사랑하는 자녀로 삼으셨습니다. 시험과 유혹, 그리고 어려운 시간을 통과할 때 그분의 음성을 들으며 자신의 정체성을 확인하고 힘과 용기를 얻기 바랍니다.

멈춤의 시간 통해
하나님의 영광 맛보기

변화산 사건에서 또 한 가지 기억해야 할 것은 매일 하나님의 임재 안에서 그분의 영광을 맛보는 것입니다. 정체성을 머리로는 이해해도 매일 하나님의 임재 가운데 친밀함을 누리지 못하면 또 흔들릴 수밖에 없습니다. 제자들은 늘 예수님과 함께 있었지만 변화산 사건을 통해 드디어 예수님의 영광을 깊게 경험합니다. 그 영광의 모습을 직접 경험한 것은 사명을 완수하는 데 놀라운 원동력이 됩니다.

팀 켈러 목사는 자신의 마가복음 강해서 《팀 켈러의 왕의 십자가》에서 시내산과 변화산의 관계를 설명합니다. 두 장소에서 동일하게 하나님의 영광이 나타납니다. 시내산에서 율법을 받고 하산하면서 금송아지 사건을 목격한 모세는 배신감에 실망합니다. 그리고 다시 산으로 올라가 40일을 더 금식합니다. 시내산에 올라 80일을 금식한 모세는 사명을 완수하기 위해 이렇게 기도했습니다.

원하건대 주의 영광을 내게 보이소서 출 33:18

영광을 맛본 모세의 얼굴은 광채로 빛났습니다.

모세가 그 증거의 두 판을 모세의 손에 들고 시내산에서 내려오니 그 산에서 내려올 때에 모세는 자기가 여호와와 말하였음으로 말미암아 얼굴 피부에 광채가 나나 깨닫지 못하였더라 출 34:29

모세의 얼굴이 빛난 것은 하나님의 영광을 맛보았기 때문이었습니다. 하나님은 그런 모세에게 하나님의 영광을 보면 견딜 수가 없어 죽을 수밖에 없다고 말씀하십니다.

네가 내 얼굴을 보지 못하리니 나를 보고 살 자가 없음이니라 출 33:20

하나님께서는 반석 틈에 모세를 두고 손으로 덮으신 후에 영광을 보이셨습니다. 여기에서 모세와 예수님의 차이를 발견합니다. 모세의 얼굴은 빛을 반사했습니다. 하지만 예수님은 빛 그 자체이셨습니다. 이것은 바로 베드로와 제자들이 하나님의 임재를 두려워한 이유이기도 합니다.

베드로는 성막(회막)이 필요하다고 말했습니다. 텐트 치고 캠핑하는 것을 좋아해서가 아닙니다. 하나님의 영광을 감당할 수 없었기에 놀라운 임재와 영광으로부터 보호해 줄 성막이 필요했던 것입니다. 그런데 제자들은 그 영광을 바로 앞에서 보았음에도 죽지 않았습니다. 예수님 안에 있었기 때문에 더 이상 그러한 성막 없이도 하나님의 영광을 맛볼 수 있었던 것입니다. 우리도 예수 그리스도 안에서 그 영광을 직접 맛볼 수 있습니다. 이것이 기쁜 소식입니다.

사명을 성취할 수 있는 힘과 능력은 임재를 통해 맛본 영광에서 비롯됩니다. 사명을 완수하는 원동력이 되는 것이지요. 그것이 바로 예배의 능력입니다. 영광을 직접 맛보는 것이 예배입니다.

힘든 고통과 고난의 십자가를 감당하기 위해 찬란하게 빛나신 주님의 영광은 우리의 의무감을 간절한 소망으로 성화시키는 능력을 가지고 있습니다. 실제로 예배를 통해 영광을 맛보면 무엇이든지 할 수 있을 것 같은 힘이 납니다. 반면에 그 예배를 통해 힘을 얻지 못하면 우리는 힘겹게 살아갑니다.

이렇듯 의무감과 책임감으로 사명을 감당하는 것과 간절히 영광을 사모하며 사명을 감당하는 것은 차이가 납니다. 영광을 맛본 사람의 얼굴과 표정에는 그리스도처럼 광채가 납니다. 당신의 얼굴은 어떻습니까? 주님의 얼굴처럼 빛이 나는지요?

재미있는 이야기가 하나 있습니다. 로마의 산 피에트로 인 빈콜리 성당에 보관되어 있는 머리에 두 개의 뿔이 달린 모세상에 대한 이야기입니다. 이 모세상은 조각가 미켈란젤로의 작품으로 유명합니다. 그런데 중세시대에 성경을 번역하면서 라틴어로 '빛'이라는 단어 'quran'과 '뿔'

이라는 단어인 'qeren'을 혼동해 오역하는 바람에 그만 얼굴에 광채가 나는 모세를, 뿔을 가진 모세로 만들어 버리고 말았습니다. 그런 탓에 중세시대에는 모세가 뿔 달린 인물로 묘사되어 미켈란젤로도 그렇게 조각했다는 이야기입니다.

예배를 통해 영광을 맛보지 못한 그리스도인들은 빛이 없이 뿔만 달고 다닙니다. 당신의 얼굴에는 빛이 보입니까, 뿔이 보입니까?

멈춤의 시간은 우리 안에 하나님의 임재로 누리는 영광의 무게와 그 능력이 얼마만큼 자리잡고 있는가를 점검해 보는 시간입니다. 어떠한 일을 결정하거나 사명을 감당할 때, 예수님이 보이는가, 예수님이 드러나고 있는가를 질문해 보는 시간입니다. 예수 그리스도만이 영광의 핵심이기 때문입니다.

문득 둘러보니 아무도 보이지 아니하고 오직 예수와 자기들 뿐이었더라 막 9:8

변화산 사건으로 드러난 정체성과 영광을 우리도 경험하기를 소원합니다. 교회에 찾아온 위기와 어려움을 통해서 하나님께서는 우리의 정체성과 그분의 영광을 사모하는 시간을 허락해 주셨습니다. 특정한 지도자, 상황, 문제 자체가 아니라 예수님만 보게 하는 시간으로 말입니다.

이때 우리가 할 수 있는 최선은 예배입니다. 그분을 만나는 것입니다. 예배를 통해 우리 또한 예수 그리스도 안에서 정체성을 깨닫고 그분의 영광을 맛보아야 합니다. 그 영광을 맛본 사람들은 변화산에 머물러 있지 않습니다. 산에서 내려와야 합니다. 뿔을 달고 내려오는 것이 아니라 빛을 발하며 내려와야 합니다.

하나님께서 당신을
사랑하는 자녀로 삼으셨습니다.
시험과 유혹,
그리고 어려운 시간을 통과할 때
그분의 음성을 들으며
자신의 정체성을 확인하고
힘과 용기를 얻기 바랍니다.

1. 멈춤의 시간을 통해 우리 안의 목적과 방향과 동기를 점검하지 않는다면 우리의 삶은 흔들릴 수밖에 없습니다. 당신은 멈춤의 시간을 통해 마음의 중심을 되찾게 된 경험이 있습니까? 어떻게 분주한 삶 속에서 멈춤의 시간을 가질 수 있을지 나눠 봅시다.

_____

_____

_____

2. 예수님께서 배신과 상처, 실망과 아픔 속에서도 묵묵히 십자가의 길을 걸어가실 수 있었던 것은 인류 구원이라는 확고한 정체성 때문이었습니다. 당신은 이처럼 하나님 안에서의 확고한 정체성을 가지고 주어진 사명을 감당하고 있습니까?

_____

_____

_____

3. 스스로 자신의 모습을 돌아보며, 나는 예수님의 빛을 비추며 살아가고 있는지, 아니면 뿔을 달고 살아가고 있는지 점검해 봅시다. 그리고 어떻게 하면 일상생활 가운데 하나님의 영광을 드러내며 살아갈 수 있을지 구체적인 방법들을 나눠 봅시다.

_____

_____

_____

2부

회복에서
변화로

*

6장
수치심에서 회복으로 이끄심
마태복음 26:58, 69-75

누구나 살면서 수치스러운 일을 경험한 적이 있을 것입니다. 예수님의 제자였던 베드로에게 숨기고 싶은 가슴 아픈 기억이 있다면 그것은 바로 이번 장의 본문 내용이라 할 수 있습니다. 그가 예수님을 세 번씩이나 부인한 사건입니다.

그는 3년 동안 예수님을 가까이 모셨던 수제자였습니다. 베드로는 리더십과 열정을 가지고 있었으며 어디든지 주님과 동행했습니다. 예수님께서 물 위를 걸으셨을 때 그 또한 물 위를 걷는 기적을 체험했으며, 변화산에서는 예수님의 영광의 모습을 보고 하나님의 음성을 직접 듣기도 했습니다. 예수님께서 고난과 죽음을 예고하셨을 때에도 "모두 주를 버릴지라도 나는 결코 버리지 않겠나이다"(마 26:33)라고 장담했던 그였습니다.

그렇게 용감했던 베드로가 어떻게 예수님께서 붙잡히셨을 때 주님을 부인하게 되었을까요? 그것도 한 번이 아닌 세 번씩이나 말입니다. 본문을 통해 과연 주님을 부인하는 것이 무엇을 의미하는지, 또한 수치심 가운데 있는 베드로를 주님은 어떻게 바라보시는지에 대해 나누고자 합니다.

신앙을 숨기는 것이
예수님을 부인하는 것

본문을 보면 이야기가 이렇게 전개됩니다. 처음에는 한 여종이 나와서 베드로를 보면서 당신도 예수와 함께 있었던 사람이 아니냐고 묻습니다. 그때 베드로는 이렇게 부인합니다.

니는 네가 무슨 밀을 하는지 알지 못하겠노라 마 26:70

영어 성경에는 이렇게 번역되어 있습니다.
"I don't know what you're talking about."
여종이 무슨 말을 하는지 도무지 모르겠다면서 질문을 덮어 버린 것입니다. 베드로는 처음부터 주님을 부인할 의

도는 없었을 것입니다. 단지 위험을 모면하고 싶어서 그 상황을 회피하려 했을 것입니다.

"무슨 말을 하는지 잘 모르겠는데요."

요즈음 아이들도 이렇게 말합니다. 귀찮으면 그냥 간단하게, "I don't know" 하면 그뿐입니다. 어떤 문제나 사고를 일으키고도 모르는 척하는 게 편할 수도 있겠지요.

그러나 불행하게도 베드로의 상황은 거기서 끝나지 않습니다. 두 번째로 다른 여종이 와서 이번에는 거기 있었던 사람들이 다 듣게 말합니다.

이 사람은 나사렛 예수와 함께 있었도다 마 26:71

더 이상 피할 수 없는 상황이 되었습니다. 성경은 베드로가 처음에는 그냥 부인했는데 이번에는 맹세하며 부인했다고 기록하고 있습니다.

베드로가 맹세하고 또 부인하여 이르되 나는 그 사람을 알지 못하노라 마 26:72

세 번째로 그곳에 서 있던 사람들이 함께 몰려와서 묻

자, 이번에는 그냥 맹세 가지고는 안 되었는지 저주하며 맹세했습니다.

그가 저주하며 맹세하여 이르되 나는 그 사람을 알지 못하노라 마 26:74

예수님을 부인하는 강도가 점점 높아지는 것을 확인하게 됩니다. 처음에는 단순히 질문을 피해 갔습니다. 별것 아니라고 생각했을지도 모릅니다. 엄밀히 말하면 그것은 예수님을 부인한 것의 시작이었습니다. 두 번째는 맹세하면서 부인했고, 마지막으로는 저주까지 하면서 부인하고야 맙니다.

저는 처음 이 말씀을 읽었을 때 베드로에게 얼마나 실망했는지 모릅니다. 어떻게 자기가 3년 동안 따랐던 주님을 의리 없이 모른다 할 수 있을까 생각했습니다. 그렇지만 계속 말씀을 묵상할수록 이것이 바로 우리 모두의 모습이라는 것을 깨닫게 되었습니다.

주님을 부인한다고 하면 우리는 마치 신앙생활을 중단하거나 교회를 떠나는 것 등으로 생각하지만 그렇지 않습니다. 삶의 자리에서 신앙을 감추는 것, 덮어 버리는 것, 침묵하는 것, 그 자체가 주님을 부인하는 겁니다. 신앙인으로서 믿지 않는 사람들과 전혀 차이가 없는 삶을 살아가는 것 자체가 주님을 부인하는 것입니다.

베드로를 보십시오. 예수님과 제자들이 있는 데에서는 자신 있게 신앙을 고백했던 사람입니다.

"주는 그리스도시요, 살아 계신 하나님의 아들입니다."

하지만 정작 예수님께서 조롱과 고초를 당하시는 현장에서는 그저 침묵하며 뜰에 앉아 있는 구경꾼 무리로 전락하고 말았습니다.

우리도 마찬가지입니다. 사람들의 반응이나 공격, 비판, 조롱 등을 의식하면서 내 안에 있는 귀한 그리스도의 이름을 나누지 못하고 두려움 가운데 피해 간 적이 많습니다. 주님을 처음 만났을 때 그분만을 위해서 살겠다고 다짐합니다. 하나님의 영광과 복음의 능력을 전하겠다고 했지만 어느 순간 그 복음이 부끄럽게 느껴질 때가 있습니다. 주위에 있는 친구나 함께 일하는 동료가 기독교를 비판하고 하나님의 이름을 망령되게 여길 때 귀찮아서, 두려워서 못 들은 척, 못 본 척, 아무것도 모르는 척하는 것 또한 예수님을 부인하는 것입니다.

예를 들어, 한 직장에서 10년 이상 일했는데도 동료가 내가 그리스도인인 줄 모르는 경우가 많습니다. 그만큼 그리스도인이라는 내색을 하지 않았다는 뜻입니다. 나 자신을 부인하고 십자가를 지지 못할 때 우리는 결국 주님께서 바로 곁에 계심을 부인하는 것입니다.

죄를 지을 때도 마찬가지입니다. 음식점에서 서비스가 안 좋다는 이유로 종업원을 불러 놓고 짜증을 내거나 소리를 지르기도 합니다. 그런 후에 식사 전 기도를 하려니 눈치가 보여서 몰래 간단히 하는 경우도 있습니다. 비즈니스도 마찬가지입니다. 그리스도인으로서 지켜야 할 것들을 지키지 못할 때가 많습니다. 제 사촌이 한국의 원단을 L.A.에 있는 공장으로 수출하는 일을 했었는데 거래처 사람들에게 충격적인 말을 들었다고 합니다. 교회 다니는 사람이 안 믿는 사람보다 더 상식 이하의 행위를 할 때가 많다는 이야기였습니다. 눈앞에 보이는 이익과 신앙 사이에서 갈등하다가 결국 이익을 선택하는 경우입니다. 먼저 자신이 살길을 선택한다는 것입니다. 이런 태도와 행위가 바로 주님을 부인하는 것이 될 수 있습니다.

인생에서 중요한 결정을 내릴 때 하나님의 뜻을 구하기보다 내 욕심과 야망에 지배될 때, 주님을 왕의 보좌에서 끌어내리고 내가 왕 노릇하게 됩니다. 신앙 빼고 얘기하자

는 겁니다. 실제로 어느 교회의 장로님은 목회자와 다투다
가 예수님 빼고 누가 이기는지 한번 해보자고 하셨다는 이
야기도 들었습니다. 오해하지 말기 바랍니다. 죄책감을 드
리려고 말씀드리는 게 절대 아닙니다. 그만큼 저와 여러분
은 다 연약하다는 뜻입니다.

　다른 제자들이 베드로보다 더 나은 것도 아니었습니다.
모두 다 도망갔습니다. 그 때문에 연약한 우리 모두는 본문
에서 보여준 베드로의 모습에 공감할 수밖에 없습니다. 만
약 제가 그 자리에 있었다면 예수님을 몇 번이나 부인했을
까 곰곰이 생각해 보았습니다. 아마도 세 번 이상 주님을
부인했을 겁니다.

십자가의 길은 주님과
거리를 두지 않는다

　여기서 주목해야 할 것은 베드로가 세 번 부인한 것이
우연이 아니라는 점입니다. 본문 58절에 "베드로가 멀찍이
예수를 따라"라고 표현되어 있습니다. 그의 부인은 주님을
'멀찍이' 따를 때부터 이미 시작되었습니다. 복음주의 성서

학의 권위자 유진 피터슨 Eugene Peterson 교수는 현대어 성경에서 이렇게 번역합니다.

"Peter followed him at a safe distance. 베드로가 안전거리를 두고 예수를 따라갔더라."

따라가기는 했는데 가까이, 바로 옆이 아니라 일정한 거리를 두고 따라갔다는 이야기입니다.

이것이 오늘날 많은 신앙인의 모습이 아닌가 생각해 봅니다. 주님을 믿고 따른다고는 하지만 멀찍이 따라가는 경우입니다. 적당히 안전거리를 두고 말입니다. 게다가 "주님, 적당히 따르는 게 안 따르는 것보다 낫지 않습니까?"라며 단지 따른다는 것에 의미와 만족을 느낍니다.

하지만 적당히 거리를 두고 따를 수 없는 것이 바로 십자가의 길이요, 제자의 길입니다.

베드로를 한번 보십시오. 그는 여전히 거리를 두고 주님을 따라갔습니다. 안 따라가자니 궁금하고 미안하기도 하고, 함께 따라가자니 위험해서 그는 적당한 거리를 유지했습니다. 일단 한번 가서 두고보는 겁니다. 분위기 파악부터 한 다음에 결정하려는 겁니다.

안전거리를 두고 따르면 솔직히 편한 점이 많이 있습니다. 가다가 마음에 안 들거나 위험하면 돌아서면 되니까요.

그래서 요즘 젊은이들 사이에서는 동거가 유행한다고 합니다. 평생 함께할 약속은 못 하겠지만 같이 살고는 싶고, 게다가 살아보고 안 맞으면 이혼하지 않고도 헤어질 수 있기 때문이라고 말합니다.

제가 1997년 미국 유학을 갔을 때 사고의 전환(Paradigm shift)을 경험한 적이 있습니다. 하루는 전화기를 구입하러 '타깃(Target)'이라는 상점에 갔습니다. 학생 신분에 돈을 좀 아끼려고 제일 싼 것으로 샀는데, 볼륨 조절도 안 되는 데다가 전화벨 소리도 어찌나 큰지 울릴 때마다 깜짝깜짝 놀랄 정도였습니다. 당장 환불하고 싶었지만 이미 박스를 개봉하고 며칠 썼기에 미안하기도 하고 혹시 안 바꿔 주면 어쩌나 하는 생각에 매장에 가지 못한 채 그냥 몇 주가 지나갔습니다.

하지만 아내가 매번 너무 놀라는 바람에 밑져야 본전이다 싶어 영수증을 가지고 가서 환불이 가능한지 물었더니, 웃으면서 그 자리에서 바로 처리해 주었습니다. 얼마나 기분이 좋았는지 모릅니다. 상점 게시판에는 가구, 옷, 전기용품 등 어떤 물건이든 상관없이 영수증만 가지고 오면 다 환불해 준다고 쓰여 있었습니다. 그때부터 거기서 물건을 살 때 고민하지 않았습니다. 마음에 안 들면 환불하거나 바꿀 수 있었기 때문입니다. 이제는 영수증만 가져가면 환불해 주는 것이 당연한 세상을 살고 있습니다. 남편도 무르거나 바꿀 수 있는 환불 규정(Refund policy)이 있으면 좋겠다고 농담 삼아 말씀하시던 어느 권사님이 기억납니다.

제가 어릴 때는 TV 채널이 3개밖에 없었는데 이제는 300개 이상의 채널 중에 선택하는 시대입니다. 교회도 마찬가지입니다. 유튜브나 다른 사이트를 통해 실시간, 재방송으로 세계 각처에서 드리는 예배를 선택해서 드릴 수 있습니다. 신앙생활도 영수증을 주머니에 넣고 다니다가 마음에 안 들면 반품하지는 않는지요? 수많은 온라인 예배의 옵션 가운데 이러한 일들이 너무나도 당연시되고 있지는 않은가 생각해 보게 됩니다.

예전에 한 청년과 나눈 이야기가 생각납니다. 이 친구는 아침에 이 교회에서 예배 드리고 오후에는 다른 교회에서 예배를 드린다고 했습니다. 안타까운 마음에 이유를 물으니 실망과 상처가 두려워서 한 군데로 정하지 못하겠다고 대답했습니다. 그렇게 마음의 결정을 못하니까 하루에 말씀을 두 번씩 들으며 배우는 것이 있음에도 삶의 변화는 없습니다. 이것이 바로 안전거리를 두고 멀찌감치 따라가는 삶의 특징입니다. 주님과 떨어지지 않고 바로 옆에 붙어서 가면 차라리 유혹이 없습니다. 주님과 함께 십자가를 감당할 수밖에 없기 때문입니다.

저의 목회 경험에 따르면, 시간과 경제적 여유가 없어서 헌신 못하는 분은 그런 여유가 생겼을 때 더 힘들어 하는 것을 보게 됩니다. 오히려 더 많은 유혹이 찾아온다는 뜻일 것입니다. 안전거리를 두고 주님을 멀찍이 쫓을수록 그 사람에게는 반드시 유혹과 시험이 찾아옵니다.

우리는 다윗의 이야기를 잘 알고 있습니다. 하나님의 마음에 합당한 다윗왕에게도 베드로처럼 수치스러운 과거가 있었는데 그것은 밧세바와 간음한 죄입니다. 밧세바는 원래 다윗왕의 충직한 신하 우리아의 아내였습니다. 우리아가 나라를 위해 전쟁터에서 싸우고 있을 때, 다윗은 그의 아내를 불러다 동침했고 그것을 덮기 위해 우리아까지 살해하고 맙니다. 다윗은 처음부터 이렇게 무시무시한 일을 저지르려고 한 것은 아니었습니다. 안전거리를 두고 주님을 쫓을 때부터 베드로의 부인이 시작되었던 것처럼 다윗도 마찬가지였습니다. 사무엘하의 다음 말씀에는 이렇게 기록되어 있습니다.

그 해가 돌아와 왕들이 출전할 때가 되매 다윗이 요압과 그에

부하들이 전쟁터에 나가서 나라를 위해 싸울 때, 다윗은 편하게 궐 안에 남았습니다. '이제 이만하면 나도 왕인데 명령만 내리면 되지 위험하게 출정까지 할 필요가 있나' 생각했습니다. 거리를 두었던 것입니다. 그러다 보니 심심해서 할 일 없이 지붕 위를 걷다가 목욕하는 밧세바를 보았고 간음죄를 저질렀습니다.

과연 나는 주님과 어떠한 거리를 유지하면서 따라가고 있는가 생각해 볼 시간입니다. 주일에 편한 방법으로 예배드리며, 적당히 따라가는 것으로 안주하고 있지는 않은가 돌이켜 보아야 합니다. 혹시 우리도 영수증을 주머니에 넣고 관망하는 신앙을 가지고 있지는 않은가 점검해 보아야 합니다.

하나님께서는 우리와의 거리를 좁히기 원하십니다. 저는 예전에 지도자들이 넘어지면 그들을 위선자, 이중인격자로만 생각했습니다. 지금은 그렇지 않습니다. 이 세상에 영적인 거인, 영적인 장사는 없습니다. 어제 아무리 주님과 친밀한 관계를 누리며 헌신했다 해도 오늘 바짝 따라가지 않으면 누구나 다 넘어질 수밖에 없습니다. 그 누구도 안전하지 않다는 것을 인정해야만 합니다.

우리 연약함을 사랑의 눈길로
바라보시는 주님

누가복음 22장 60-61절에는 베드로가 세 번째로 예수님을 부인하는 말을 할 때 닭이 울고 예수님께서 베드로를 쳐다보셨다고 쓰여 있습니다. 영어 성경을 보면 그냥 보신 것이 아니라 "The Lord turned and looked straight at Peter," 즉 베드로를 똑바로 바라보셨습니다. 서로 눈길이 마주쳤습니다. 그때 베드로는 주님께서 이미 경고하셨던 말씀을 기억했습니다.

오늘 밤 닭 울기 전에 네가 세 번 나를 부인하리라 마 26:34

예수님께서 베드로를 똑바로 바라보시면서 '너 두고 보자!' 하듯 배신감과 실망의 눈초리로 보신 것이 아닙니다. 주님께서는 베드로가 세 번 부인할 것까지 미리 아셨습니다.

그러나 내가 너를 위하여 네 믿음이 떨어지지 않기를 기도
하였노니 너는 돌이킨 후에 네 형제를 굳게 하라 눅 22:32

베드로가 부인했을 때 분명히 주님은 그를 기도하는 마
음으로 보셨습니다. 긍휼의 마음으로 보셨던 겁니다. 이것
이 바로 주님의 은혜입니다. 우리가 얼마나 연약한 존재인
지 주님은 어느 누구보다도 잘 알고 계십니다. 그래도 포기
하지 않고 우리를 위해 중보하시며 넘어질 때면 다시 세워
주십니다. 시선을 거두지 않으십니다. 베드로는 숨고 싶었
겠지만 주님은 그를 바라보고 계셨던 것입니다.

이렇듯 주님의 시선은 늘 사랑을 담은 채 당신에게 고
정되어 있습니다. 기도의 눈으로, 긍휼의 눈으로 당신을 바
라보십니다. 지금은 넘어져 있지만 다시 일어나서 나중에
형제를 굳게 할 수 있도록 중보해 주십니다.

하지만 우리 스스로 수치심을 감당하기가 쉽지 않습니
다. 특히 한국 문화에는 수치심에 대한 특별한 정서가 있는
듯합니다. 때로는 수치심이 우리를 움직이는 동기가 되기
도 합니다. 초등학교 시절, 시험이 끝나면 선생님이 반 전
체 아이들의 등수를 벽에 붙여 놓았던 기억이 떠오릅니다.

그러니 누가 몇 등을 했는지 전교생이 다 알 수 있었습

니다. 지금은 그런 행위가 학생들의 인권을 침해하고 교육적으로도 바람직하지 않다는 것이 중론이지만, 당시에는 점수가 좋은 학생들에게는 자존감을 높여 주고, 그렇지 못한 학생들에게는 수치심 때문에라도 더 열심히 공부하도록 자극하려는 의도가 있었을 것입니다.

임현수 목사님 억류 사건이 있기 전에 평양으로 단기 선교를 갔을 때의 일입니다. 그때는 영어 목회를 하던 시절이었고, 영어권 2세들이 중심이 되어 평양에 있는 영어 선생들을 상대로 영어 회화 강습을 하는 사역을 감당했습니다. 저 역시 여러 차례 평양을 방문하던 중, 한번은 전국에서 가장 공부 잘하는 학생들이 모여 있는 고등학교를 방문했습니다. 제1고등학교였는데, 벽에 전교 일등부터 꼴등까지 학생들의 이름을 붙여 놓은 것을 보았습니다. 남쪽이나 북쪽이나 이러한 수치심의 정서가 비슷해 보였습니다.

예전에는 어린아이가 자다가 오줌을 싸면 아이의 머리에 키를 씌워 이웃을 찾아가 소금을 얻어오게 했습니다. 서울에 살면서 그런 장면을 한두 번 정도 보았던 것 같습니다. 수치심을 통해 다시는 그런 잘못을 저지르지 않고 실수하지 않도록 교육했던 것입니다.

심지어 신앙 공동체에서조차 직분과 직위 등을 통해 수

치심을 자극하는 경우도 여러 번 보았습니다. 장로가 새벽 기도 모임에 나오지 않는다고, 권사가 몇 명밖에 전도하지 않는다고 여러 사람이 모인 예배나 집회에서 창피를 주는 것을 본 적도 있습니다. 지금도 여전히 이러한 수치심을 이겨 내고 회복하는 것은 쉽지 않습니다.

북미에 살면서 미국 교회와 한국 교회를 비교해 보면 가장 부러운 부분이 바로 이것입니다. 미국 교회에서는 연약하고 수치스러운 실수나 잘못을 했을 때 그것을 복음 안에서 회복시키는 능력이 있습니다.

예수님은 베드로를 수치심을 자극하는 눈길로 바라보지 않으셨습니다. 오히려 그를 위해 간절히 기도하시며 사랑과 긍휼의 눈길로 바라보셨습니다. 제 삶을 돌아보아도 주님을 멀찌감치 쫓았던 시절들이 너무나도 많습니다. 그때마다 하나님은 저에게 시선을 고정하시고 따라잡을 때까지 인내하셨습니다. 때로는 뛰어와 안아 주시고 보호하실 때도 있었습니다.

우리가 그분을 보지 못한다 해도 그분은 우리를 보고 계십니다. 아무리 그분을 부인하고 감춘다 해도 그분을 가릴 수는 없습니다. 어떠한 죄나 연약함조차도 그분에게는 숨길 수 없습니다. 우리의 연약함을 주님 앞에 솔직히 인정

하기를 원합니다. 그동안 멀찌감치 유지하고 있었던 주님
과의 거리를 좁히고 주님의 손을 붙잡고 가까이 나아가기
를 바랍니다.

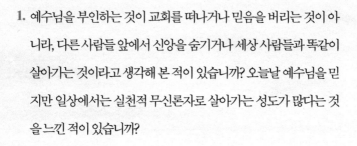

묵상과 나눔 포인트

1. 예수님을 부인하는 것이 교회를 떠나거나 믿음을 버리는 것이 아
   니라, 다른 사람들 앞에서 신앙을 숨기거나 세상 사람들과 똑같이
   살아가는 것이라고 생각해 본 적이 있습니까? 오늘날 예수님을 믿
   지만 일상에서는 실천적 무신론자로 살아가는 성도가 많다는 것
   을 느낀 적이 있습니까?

   _____

   _____

   _____

2. 당신은 예수님과의 거리가 어느 정도라고 생각합니까? 베드로
   와 같이 안전거리를 두고 예수님을 따라갈 때 어떤 유혹과 시험
   을 만나게 될까요?

   _____

   _____

   _____

3. 예수님께서는 베드로가 자신을 세 번이나 부인했음에도 비난과 정죄의 눈빛이 아닌 긍휼과 사랑의 눈길로 바라보셨습니다. 지금도 예수님께서는 당신을 그러한 눈빛으로 바라보시며 수치와 실패에서 회복시키기를 원하십니다. 그 사실을 믿고 주님께 나아가기를 구하는 시간을 가져 봅시다.

_____

_____

_____

*

7장
첫사랑에서 성숙한 사랑으로 이끄심

요한복음 21:15-18

제1차 세계대전을 배경으로 한 로버트 테일러와 비비안 리 주연의 〈애수〉라는 영화가 있습니다. 전쟁 중에 잠시 휴가를 즐기던 영국군 장교 로이(로버트 테일러)는 발레리나였던 마이러(비비안 리)를 만나 사랑에 빠져 약혼까지 하지만, 곧바로 전선으로 복귀해야 했습니다.

전쟁이 터진 후 하루하루 끼니를 걱정해야 하는 상황이 되자 살아남기 위해 몸을 파는 여자들이 많이 생겼습니다. 하지만 마이러는 그럴 수 없었습니다. 전쟁이 끝나면 로이가 돌아올 것이라고 믿었기 때문이었죠. 그런데 어느 날 마이러는 신문에 실린 전사자 명단에서 약혼자인 로이의 이름을 발견하게 됩니다. 로이를 기다리며 근근이 생계를 이어가던 마이러는 자포자기한 채 살기 위해 몸을 팔아 생계를 이어 갑니다. 하지만 그 기사는 오보였고, 죽은 줄 알았던 로이는 살아서 돌아옵니다.

두 사람이 처음 만났던 워털루 다리에서 다시 상봉하

지만 결국 마이러는 죄책감 때문에 차마 로이와 결혼할 수 없어 군용 트럭에 몸을 던져 죽고 맙니다. 영화를 본 사람들은 여주인공 마이러가 순결을 지키지 못한 죄책감과 수치심으로 괴로워할 때 그녀를 안타까운 눈길로 바라보며 그녀의 고통에 공감했을 것입니다.

베드로는 예수님을 세 번이나 부인했습니다. 그는 어디를 가든지 주님을 따르겠다고 큰소리쳤지만 정작 십자가를 지신 예수님은 따라가지 못했습니다. 예수님께서 십자가에 못 박혀 돌아가신 후에는 모든 것이 끝난 줄 알았습니다. 하지만 주님께서는 사흘 만에 부활하셔서 제자들 앞에 다시 나타나셨습니다. 참으로 극적이고 기쁜 사건 앞에서 베드로는 어떻게 반응해야 할지 몰랐을 것입니다.

본문에서 베드로는 다시 회복시켜 주시는 예수님을 만나게 됩니다. 이것이 복음의 능력입니다. 세상의 이야기와는 진혀 자원이 다른 은혜가 아닐 수 없습니다. 영화 〈애수〉에 나오는 여자 주인공은 목숨을 끊을 수밖에 없었지만, 베드로는 예수 그리스도의 은혜로 회복되고 더 성숙하게 변화되며 사명으로 새로워집니다.

주님께서는 단순히 베드로의 첫사랑과 열정, 헌신을 회복하셨을 뿐만 아니라 그의 사랑을 더욱 성숙하게 하셨습니다. 주님은 우리로 하여금 첫사랑, 예전에 있었던 사랑을 되찾는 것뿐만 아니라 성숙한 사랑의 관계로 초청하십니다.

실패를 통해 깨닫는
성숙한 사랑

우리에게도 다 베드로와 같은 연약함이 있습니다. 때로는 형편이나 상황 때문에, 때로는 우리의 연약한 믿음과 불순종 때문에 예수님을 부인하거나 십자가를 지지 못할 때가 있지 않습니까? 그럴 때 대부분 다시 옛날의 모습으로 돌아가게 됩니다. 하나님 없이 내 힘으로 할 수 있다고 생각하는, 지극히 인간적이고 현실적인 모습으로 돌아가는 것입니다.

우선 옛 습성으로 돌아가려는 유혹에 빠집니다. 과거의 나 자신으로 돌아가는 것입니다. 베드로의 새로운 사명은 사람을 낚는 어부가 되는 것이었습니다. 그런데 그는 다시 고기를 낚는 어부로 돌아갑니다. 베드로에게는 사람을 이끄는 은사가 있었습니다. 그런데 그 리더십을 주님을 찾는

데 사용하지 않고 다른 데 사용하고 있습니다. 자기의 모든 것을 다 걸고 따랐던 예수님이 부활하셨다는 것을 알고 난 후에도 고기나 잡으러 가자며 다른 제자들까지 끌고 가 버립니다. 이렇듯 예수님과 거리가 멀어질 때 겪게 되는 죄책감, 실패감, 좌절감은 우리를 옛 모습으로 돌아가도록 유혹합니다. 예수님을 처음 만났을 때는 사랑과 열정으로 신앙 생활을 합니다. 그러다가 시험이나 어려운 상황에 부딪히면 예수님을 만나기 전의 모습으로 돌아가 버리고 맙니다.

여기서 흥미로운 사실은 베드로가 고기를 잡으러 나 갔는데, 밤새 아무것도 잡지 못했다는 것입니다. 누가복음 5장에서도 베드로는 밤새 수고했지만, 물고기를 잡지 못했습니다. 우연이 아니라는 것이지요. 하나님께서는 베드로 에게 무언가를 보여주고 싶어하셨습니다. 밤새 아무것도 잡지 못한 베드로와 제자들에게 주님께서는 이렇게 말씀 하십니다.

그물을 배 오른편에 던지라 그리하면 잡으리라 요 21:6

그물을 오른편에 던지자 엄청나게 많은 물고기가 잡혔 습니다. 요한이 주님이시라고 알리자 베드로는 물고기를 내버려둔 채 바다로 뛰어들어 육지에 계신 예수님께로 갑니다. 물고기는 어떻게 합니까? 물고기는 나중에라도 얼마든지 잡을 수 있습니다. 주님께서 다시 찾아오시면 우선순위 또한 다시 바뀌어야 합니다.

베드로는 패배 의식에 사로잡혀 있었을 수도 있습니다. 우리도 이렇게 꿈이 이루어지지 않거나 자신이 무능력하다고 느낄 때, 또는 삶의 목적을 잃어버렸을 때 패배 의식을 경험합니다. 영적으로나 사회적으로 또는 관계에서 패배 의식에 사로잡혀 헤어나오지 못하는 사람들이 있습니다. 중요한 것은 부활하신 예수님께서 베드로를 회복시키기 위해 찾아오신 것같이 당신을 찾아오셔서 회복시키기 원하신다는 것입니다.

회복은 물고기에 있지 않습니다. 주님을 다시 만나는 데 있습니다. 어떤 사람은 어려움 가운데서도 진정한 축복을 경험하는 반면, 어떤 사람은 물질의 풍요로움 속에서도 영적으로 무너지는 것을 봅니다. 꿈이나 소원, 목적이 이루어졌다고 축복을 받은 것은 아닙니다. 모든 것을 다 이루었는데도 공허함이 들 때가 있습니다. 신학자인 D. A. 카슨 Donald Arthur Carson 은 진정한 축복의 개념을 이렇게 설명합니다.

"성경을 보면 사람이 하나님을 송축할 수 있고, 하나님이 사람을 축복하실 수 있습니다. 이 양면성은 축복이라는 단어의 의미를 정확하게 이해하는 단서가 됩니다. 사람이 하나님을 축복할 수는 없지만 하나님을 송축한다는 표현을 쓰는 이유는 그것이 하나님을 인정한다는 의미이기 때문입니다."

축복받는다는 것은 근본적으로 하나님으로부터 인정받는다는 의미입니다. 우리가 끝까지 붙잡아야만 하는 가장 소중한 것은 바로 예수 그리스도이십니다. 실패한 베드로, 수치스러움과 죄책감에 사로잡힐 수밖에 없었던 그가 바다로 뛰어내렸다는 것은 놀라운 사실이 아닐 수 없습니다.

주님이시라 하니 시몬 베드로가 벗고 있다가 주님이라 하는 말을 듣고 겉옷을 두른 후에 바다로 뛰어내리더라 요 21:7b

베드로가 배에서 뛰어내려서 예수님에게 달려가고 있습니다. 저는 엄청난 잘못을 저지른 후에도 예수님께 달려갈 수 있다는 것에 큰 은혜를 받았습니다. 베드로는 예수님에 대해 제대로 알고 있었습니다. 그분은 어떤 처지에 있을지라도 다가갈 수 있는 분이라는 것을 말입니다. 그분을 인정하고 달려가는 것이 축복의 지름길입니다. 예수님은 실패한 후에도 우리가 다시 달려가 안길 수 있는 분입니다. 이러한 복음을 실패감, 좌절감, 죄책감에 젖어 있는 사람들에게 전해야 합니다. 예수 그리스도를 인정하는 삶이 성공한 삶이고 축복받은 삶이라는 것을 명심해야 합니다.

주님을 향한 사랑 고백으로
죄와 상처가 해결되고

우리가 예수님 앞에 다시 나아갈 때 주님은 사랑으로 죄와 허물을 감싸 주십니다. 베드로가 육지에 올라오니 예수님은 그를 기다리고 계셨습니다. 그때 예수님은 결코 "베드로야, 왜 치사하게 나를 세 번이나 저주하며 부인했니?"라며 책망하시지 않았습니다. 오히려 자상하게 물고기와 떡을 준비해 놓고 베드로를 기다리고 계셨습니다.

육지에 올라보니 숯불이 있는데 그 위에 생선이 놓였고 떡도 있더라 요 21:9

당신이 학교에서 말썽을 부려서 선생님이 어머니에게 전화로 그 사실을 통보했다고 가정해 봅시다. 그런데 그 소식을 들은 어머니가 당신을 야단치기는커녕 오히려 당신이 제일 좋아하는 음식을 해놓고 기다리고 계신다고 상상해 보십시오. 미운 자식 떡 하나 더 주는 것이 아닙니다. 돌아온 탕자에게 잔치를 베푼 아버지의 마음과 같이 예수님은 베드로와 다시 교제하기를 원하셨습니다. 식탁의 교제는 가장 친밀한 교제입니다.

베드로는 죄책감으로 얼굴을 들지 못했을 수도 있습니다. 하지만 예수님은 절대 우리를 책망하시는 분이 아닙니다. 우리를 자상하게 받아 주시고 섬겨 주십니다. 그렇다고 해서 베드로가 예수님을 부인한 것을 없었던 일로 하고 넘어가시지도 않습니다. 예수님은 숯불 앞에서 베드로를 기다리셨습니다.

많은 성서학자는 이렇게 설명합니다. 베드로가 숯불을 본 순간 숯불 앞에서 예수님을 세 번이나 부인한 것이 기억났을 것이라고. 숯불 앞은 베드로가 넘어진 곳, 무너진 곳이었습니다. 그곳에서 예수님은 베드로를 만나 주셨습니다. 아니 베드로는 반드시 그곳에서 주님을 만나야만 했는지도 모릅니다.

죄는 반드시 용서와 치유를 받아야만 합니다. 이것이 바로 성숙한 사랑으로 나아가는 길입니다. 은혜와 진리의 예수님을 더욱 깊이 알아가는 길입니다. 베드로가 전에 알았던 예수님은 말씀을 잘 가르치고 기적을 베푸시는 분이었습니다. 죄가 없음에도 희생의 십자가를 지셨을 뿐만 아니라 죽음을 이겨 내고 부활하셨습니다.

부활의 주님은 죽음뿐 아니라 모든 것을 이겨 내신 분입니다. 실수, 연약함, 수치심, 용서받을 수 없는 죄까지도 해결하고 회복시키시는 분입니다. 당신은 과연 어떤 예수님을 알고 계십니까? 무너진 영역들까지도 회복시켜 주시는 부활의 주님을 믿으십니까? 단순히 말씀을 잘 가르치고 희생과 섬김을 잘하는 분이 아닌 회복하게 하시는 주님을 말입니다. 그럴 때 나 자신뿐 아니라 다른 이들도 함께 회복을 경험하는 성숙한 사랑을 깨닫게 됩니다.

조반을 먹은 후에 예수님께서 베드로에게 물으십니다.

"요한의 아들 시몬아, 네가 이 사람들보다 나를 더 사랑하느냐?"

"주님, 그러하나이다. 제가 주님을 사랑하는 줄 주님께서 아시니이다."

다시 물어보십니다.

"요한의 아들 시몬아, 네가 나를 사랑하느냐?"

조금 이상했지만 다시 대답합니다.

"주님, 그러하나이다. 제가 주님을 사랑하는 줄 주님께서 아시나이다."

세 번째로 다시 물어보십니다.

"요한의 아들 시몬아, 네가 나를 사랑하느냐?"

예수님께서는 자신을 세 번 부인했던 베드로에게 똑같이 세 번을 물으셨습니다.

해당 구절을 헬라어 원어로 보면 '사랑'이라는 단어가 다르게 사용된 것을 발견할 수 있습니다. 예수님께서 베드로에게 사랑(agape)하느냐고 물어보실 때 베드로는 두 번을 사랑(phileo)한다고 대답합니다. 그러나 세 번째에는 주님께서 사랑(phileo)하느냐 물으십니다. 'agape'가 하나님의 조건 없는 사랑을 의미한다면, 'phileo'는 형제, 자매 간의 사랑을 가리킵니다.

어떤 성서 학자들은 'agape'나 'phileo'에 별 차이가 없다고 하지만 어떤 학자들은 이 부분에 집중합니다.

"주님, 제가 감히 어떻게 agape의 사랑을 할 수 있겠습니까? 하지만 주님을 향한 제 사랑은 진실입니다."

중요한 것은 주님께서 베드로의 마음을 받으셨다는 것

입니다. 요한복음 21장을 보면 예수님께서는 베드로가 대답할 때마다 각각 "내 어린 양을 먹이라"(15절) "내 양을 치라"(16절) "내 양을 먹이라"(17절)라고 이르십니다. 죄와 상처가 해결된 자가 온전히 다른 사람을 섬길 수 있는 것을 보게 됩니다.

성숙한 지도자로
거룩한 부담을 갖게 된 베드로

실패감, 수치심, 패배 의식에 사로잡혔던 베드로는 이제 성숙한 지도자로서 이끄심을 받게 됩니다. 쓰러져 본 사람이 쓰러진 사람을 정죄하지 않고 섬길 수 있습니다.

예수님을 향한 사랑이 회복될 때, 우리 안에 생명력과 열정이 함께 회복되기 시작합니다. 사역을 하기 전에 베드로는 치유되고 회복되어야만 했습니다. 회복되지 않은 상태에서 섬기다가는 오히려 더 많은 상처를 줄 수도 있기 때문입니다. 그러다 보면 생명을 전하는 것이 아니라 상처를 전하게 됩니다. 나 자신을 전하게 됩니다. 예수님의 양을 먹이는 것이 아니라 자꾸 나 자신의 양으로 만들게 됩니다. 예수님은 '내 양'이라고 하셨지 절대 '너의 양'이라고 하지 않으셨습니다. 해결과 자유를 통해서만 성숙한 사랑을 나누어줄 수 있습니다.

어느 가정 사역자의 고백을 들은 적이 있습니다. 예전에는 세미나나 훈련을 하면서 다른 부모들을 정죄할 때가 많았다고 합니다. 그러나 막상 자신의 자녀가 방황하는 것을 보며 그분들을 대하는 자세가 바뀌었다는 얘기였습니다. 더 이상 이론만 가르치는 것이 아니라 아파하는 가정과 함께 아파하며 공감하는 사역자가 된 것입니다. 성숙한 사랑은 자신의 연약함을 깨닫고 주님의 은혜로 그것이 해결됨으로써 다른 사람에게 그 아픔을 물려주지 않는 것입니다.

이렇듯 양을 섬기기 전에 우리 자신이 건강하게 회복되는 것이 가장 중요합니다. 고든 콘웰 신학교에서 목회학 박사를 마치고 졸업하던 날 예배 때 들은 설교 내용이 기억납니다. 아주 건강한 목회로 존경받는 목사님의 간증이었습니다. 그는 신학교에 다닐 때 성도들을 많이 섬길 수 있는 목회의 꿈을 가지고 공부했습니다. 그리고 졸업 후 목회를 하면서 많은 양을 보내달라고 기도했습니다. 정말 놀라운 축복 가운데 하나님께서 많은 양을 보내 주셨는데 문제는 양이 늘어날수록 배설물도 많아졌다는 것입니다.

신학교에서 양을 섬기는 것은 배웠지만 배설물을 어떻게 처리해야 하는지는 배우지 못한 그는 하나님께 불평을 했답니다. 그러던 어느 날 하나님께서 병원 환자들을 통해서 깨달음을 주셨습니다. 중요한 수술이나 검사를 앞두고 배설물을 살펴보는 것이 중요하다는 사실을 알게 된 것입니다. 배설물을 피하는 것이 아니라 의사가 하듯이 그 정도의 배설물을 영적으로 잘 관찰하면 영혼의 건강 상태를 확인할 수 있습니다. 또한 배설물을 보면 그가 영적으로 무엇을 섭취하고 있는가도 알게 됩니다.

양들에게 도덕적, 윤리적인 말씀이 아니라 무너진 영역을 회복하는 복음의 말씀이 전해진다면 그들의 영혼도 조금씩 건강해질 수 있습니다. 만약 우리의 배설물 상태가 좋지 않다면 우리 몸 어딘가가 무너져 있다는 뜻입니다. 그런 상태라면 다시 영적으로 건강해지도록 영양분을 섭취해야 합니다.

베드로를 회복시키시며 예수님께서 이렇게 물으십니다.

네가 이 사람들보다 나를 더 사랑하느냐 요 21:15a

사람, 일, 사역들보다 예수님을 더 사랑하느냐는 질문입니다. 베드로의 옛 모습은 예수님이 옆에 계시기에 따라 하는 사역이었습니다. 성숙한 사역은 사람에게 보이기 위해 움직이는 사역이 아닙니다. 우리를 움직이는 동기는 과연 무엇입니까? 종교적인 동기에는 한계가 있습니다.

2015년 시카고 대학교에서 종교와 이타심의 관계를 실험해 발표한 적이 있습니다. 실험 결과는 놀랍게도 종교적인 아이들이 더 자기중심적일 수 있다는 내용이었습니다. 연구자들은 6개국(미국, 캐나다, 남아프리카, 터키, 요르단, 중국)에서 5-12세의 아동 1,000명을 대상으로 실험을 진행했습니다. 30개의 스티커를 주고 그중에 좋아하는 10개의 스티커는 가질 수 있고, 나머지는 스티커를 못 받은 아이들에게 자발적으로 나눠주도록 했습니다. 그런데 종교를 가진 아이들이 종교가 없는 아이들보다 스티커에 더 집착하고 나누기를 꺼리는 모습을 보였습니다. 즉 자기가 가진 것, 좋아하는 것을 나누는 데 인색하다는 이야기입니다.

무엇을 얻거나 보이기 위한 것, 사람에게 인정받기 위한 것이 동기가 되는 신앙은 지속되지 못합니다. 성숙한 신앙은 결국 주님을 사랑하는 마음이 동기가 되어 움직이는 신앙입니다. 용기, 명분, 실력, 은사는 신앙의 동기가 되지 못합니다. "네가 다른 사람들보다 더 용기가 많으냐?" "네가 다른 사람들보다 더 잘할 수 있느냐?" 예수님은 그렇게 묻지 않으셨습니다.

여기서 반드시 우리가 주목해야 할 사실이 있습니다. 예수님을 사랑할 때 양을 섬기는 것입니다. 성도들이 목회자를 좋아하는 것은 감사한 일입니다. 하지만 주님은 "사랑하는 아무개야, 네가 노희송 목사를 사랑하느냐? 그럼 네 양을 먹이라" 이렇게 말씀하지 않으셨습니다. "네가 이 양들을 사랑하느냐? 그럼 먹이라"고 말씀하지도 않으셨습니다. 사람을 사랑해서 섬기다 보면 사람 때문에 실망해서 섬김을 그칠 수 있습니다. 사람은 언제나 실망을 가져다줍니다. 그러나 우리 주님은 절대로 우리를 실망시키는 분이 아닙니다. 예수님은 더 성숙해지는 헌신으로 이끄십니다.

네가 젊어서는 스스로 띠 띠고 원하는 곳으로 다녔거니와
늘어서는 네 팔을 벌리리니 남이 네게 띠 띠우고 원하지 아
니하는 곳으로 데려가리라 요 21:18

주님은 우리의 욕심이나 야망을 충족해 주기보다 성숙
한 사랑으로 이끌어 가기를 원하십니다. 우리는 흔히 원하
는 것들이 이루어지는 삶을 형통의 삶, 축복의 삶이라고 생
각합니다. 나름대로 비전과 계획을 세우고 그것들이 이루
어지기를 바랍니다. 하지만 주님은 그것보다 더 차원 높은
곳으로 우리를 인도하십니다.

교회 공동체에서도 마찬가지입니다. 예전에는 교회가
정한 꿈과 비전이 이루어지면 부흥하는 교회로 여겼습니
다. 우리는 탁월한 리디십을 발휘하고 카리스마가 넘치는
특정한 지도자를 따르며, 그의 말씀과 은사로 성장하는 교
회의 모습을 머릿속에 그리게 됩니다. 큰빛교회도 그렇게
성장해 왔습니다. 하지만 교회에 찾아온 어려움과 변화를
통해 하나님은 단순히 우리의 첫사랑을 회복하셨을 뿐만
아니라 성숙한 사랑으로 이끌어 가셨습니다.

주님은 한치 앞도 예측할 수 없는 상황들이 지속되더라도 예수님께만 집중하고 그분을 사랑하는 마음으로 부르신 곳에서 맡은 사명을 감당해 나가기를 원하십니다. 특정한 지도자, 상황, 내가 얻기 원하는 것들이 아닌 주님만을 바라보는 성숙한 사랑으로 우리를 이끌어 가십니다. 혹시 과거에 사람에 대한 실망이나 상처 때문에 첫사랑이 식어 버린 분들이 있을지도 모르겠습니다. 주님께서는 그 생명력을 다시 회복시키며 성숙한 사랑으로 이끌어 주십니다.

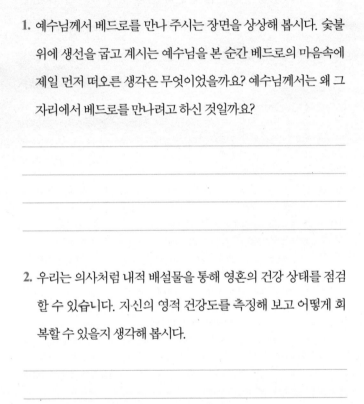

묵상과 나눔 포인트

1. 예수님께서 베드로를 만나 주시는 장면을 상상해 봅시다. 숯불 위에 생선을 굽고 계시는 예수님을 본 순간 베드로의 마음속에 제일 먼저 떠오른 생각은 무엇이었을까요? 예수님께서는 왜 그 자리에서 베드로를 만나려고 하신 것일까요?

2. 우리는 의사처럼 내적 배설물을 통해 영혼의 건강 상태를 점검할 수 있습니다. 자신의 영적 건강도를 측정해 보고 어떻게 회복할 수 있을지 생각해 봅시다.

3. 영적 회복은 예수님을 더욱 사랑하게 되는 것입니다. 또한 자신
의 야망이나 욕심을 충족시키는 삶에서 예수님이 이끄시는 대
로 끌려가는 삶을 살게 됩니다. 당신이 섬기는 가정과 교회 공
동체 안에서 이처럼 성숙한 사랑의 모습을 보이고 있습니까?

_____

_____

_____

_____

*

8장
성령의 능력으로 이끄심

사도행전 2:14, 37-42

베드로를 포함한 제자들의 인생에 적어도 세 번의 터닝 포인트가 찾아옵니다. 첫 번째는 예수님을 만나 그를 따라가는 제자의 삶이었습니다. 두 번째는 십자가와 부활의 사건이었고, 세 번째는 예수님께서 승천하신 후에 오순절 다락방에서 성령 세례를 받은 사건이었습니다.

세 번의 터닝 포인트는 그들의 삶을 송두리째 변화시켰습니다. 당신의 인생에도 중요한 터닝 포인트들이 있었을 것입니다. 예수님을 인격적으로 만나고 성령님께서 우리 안에 거하실 때 터닝 포인트를 맞이합니다. 사건 자체보다 더 중요한 것은 사건을 통한 변화입니다. 이것이 진정한 의미의 터닝 포인트입니다.

우리가 흔히 말하는 변화에는 두 가지 차원이 있는데, 일차원적인 변화는 행동의 변화입니다. 그리스도인들이 흔히 말하는 변화는 사실 행동의 측면에서 많이 나타납니다. 술, 담배를 끊고 세상적인 노래를 듣지 않는 것 등은 행동의 변화입니다. 김세윤 교수는 이 부분을 다음과 같이 지적하고 있습니다.

> "많은 교회의 구원론은 사실상 구원파 또는 고대 영지주의의 구원론에 중세 가톨릭 교회의 공로-상급 신학을 합성해 놓은 것이고, 그들의 윤리는 세 가지(주일 성수, 헌금, 전도) 하기와 세 가지(술, 담배, 제사) 안 하기로 축약된 바리새적 경건주의이다." _ 김세윤, '진정한 의미의 영적 전쟁이란'

진정한 내면의 변화보다 표면적인 변화에 치중하는 것을 지적한 것입니다. 물론 외적인 변화나 행동의 변화도 필요하지만, 내면의 변화로 인해 자연스레 겉으로 드러나는 행동이 달라지는 것은 지극히 정상적이며 건강한 것입니다. 성령님께서 주시는 변화는 행동의 변화보다 더 깊은 차원의 변화를 밀합니다.

슐츠와 샌디지 F. LeRon Shutls & Steven J. Sandage가 쓴 《Transforming Spirituality(변화하는 영성)》라는 책은 변화의 또 다른 차원에 대해 설명해 줍니다. 우리의 삶을 빙산으로 비유할 때 행동의 변화는 수면 위로 올라와 있는 부분입니다. 물 아래 있는 부분은 내면의 깊은 곳이라고 볼 수 있는데 이 부분이 바뀌는 것이 진정한 변화라고 설명합니다.

- 하나님에 대한 이해의 변화
- 나에 대한 이해의 변화
- 인생의 의미와 목적의 변화
- 믿음에 대한 태도와 가치관의 변화
- 이웃을 향한 자세와 마음의 변화

위와 같은 변화를 경험할 때 모든 부분에서 변화가 일어납니다. 내면의 깊은 변화는 인위적으로 일어날 수 없습니다. 오직 성령님의 이끄심에 따를 때 가능합니다. 성령님의 역사는 우리 인생에 이러한 변화를 가져다주는 터닝 포인트를 허락하십니다. 그렇다면 성령의 능력으로 이끄심을 받은 베드로에게 어떠한 변화가 일어났는지 살펴보겠습니다.

회개와 확신으로 이끄는
성령의 역사

오순절 성령 세례 사건을 통해 각 족속의 방언이 터지고 성령의 역사가 일어났습니다. 이 광경을 본 사람들은 그들이 술에 취했다고 말하기도 했습니다.

또 어떤 이들은 조롱하여 이르되 그들이 새 술에 취하였다 하더라 행 2:13

그때 베드로가 일어나 그 유명한 능력의 전도 설교를 담대히 선포합니다. 사도행전 2장 14절부터 36절까지는 베드로의 설교를 기록하고 있습니다. 베드로가 능력의 말씀을 선포했을 때 많은 사람이 회개하고 예수님을 영접했습니다. 그 말씀을 들은 사람들은 "우리가 어찌할꼬" 하며 마음이 찔리는 역사가 일어났습니다.

그 말을 받은 사람들은 세례를 받으매 이 날에 신도의 수가 삼천이나 더하더라 행 2:41

어떤 주석가들은 말씀을 들은 무리가 여자들과 아이들까지 합하면 아마 6,000명 이상은 되었을 것이라고 예상합니다. 참으로 놀라운 역사가 아닐 수 없습니다. 자신을 주목하던 여종이 무서워서, 그리고 주변 사람들의 반응이 두려워서 예수님을 부인했던 베드로가 담대히 일어나 몇천 명 앞에서 말씀을 전하고 있습니다. 더 이상 사람을 두려워하지 않고 확신에 차 말씀을 담대하게 선포할 수 있었던 것은 바로 성령님의 역사가 아니고는 불가능합니다.

그는 더 이상 수치심에 짓눌린 실패자, 배신자가 아니었습니다. 성령님은 이렇게 우리의 정체성을 온전히 변화시키시고 상황이나 사람에 의해 흔들리지 않는 확신을 가져다주십니다. 그리스도인으로 하여금 증인의 삶을 살아갈 수 있도록 담대함을 주십니다. 제자들은 부활하신 예수님을 만나 치유와 회복, 그리고 사명을 받았습니다. 그것이 전부가 아닙니다. 예수님께서는 승천하시기 전에 제자들에게 성령 세례를 받아야 한다고 말씀하셨습니다.

예루살렘을 떠나지 말고 내게서 들은 바 아버지께서 약속하신 것을 기다리라 요한은 물로 세례를 베풀었으나 너희는 몇 날이 못 되어 성령으로 세례를 받으리라... 오직 성령이 너희에게 임하시면 너희가 권능을 받고 예루살렘과 온 유대와 사마리아와 땅 끝까지 이르러 내 증인이 되리라 _{행 1:4-5, 8}

이 예수를 하나님이 살리신지라 우리가 다 이 일에 증인이로다 _{행 2:32}

정체성의 확신은 누가 보냈는가를 아는 것입니다. 누가 보냈는가에 따라 자신감과 확신이 더 강해집니다.

뉴욕 맨해튼에는 수많은 나라의 대사관이 있습니다. 어느 나라에서 보냈는가에 따라서 대사의 위상도 달라집니다. 우리 안에 있는 구원의 확신은 십자가에서 죄를 사해 주시고 부활, 승천하신 후 다시 오실 그리스도께서 보내셨다는 것에 근거합니다. 그분 안에서 얻은 구원에 대한 확신, 하나님이 어떠한 분인지에 대한 확신, 하나님의 성품에 대한 확신을 말합니다. 그분에게 모든 인생을 걸어도 후회하지 않을 확신이기도 합니다. 바로 이때 타협 없는 복음이 선포됩니다. 회개의 역사가 일어납니다.

그들이 이 말을 듣고 마음에 찔려 _{행 2:37a}

말씀에는 우리의 마음을 찌르는 능력이 있습니다. 그저 감동만으로 생기는 변화가 아닙니다. 우리가 보통 말하는 '은혜 받았다'는 의미는 무엇인가요? 어떤 분들은 자신의 생각이 누군가로부터 공감을 얻거나 위로를 받을 때 '은혜 받았다'는 표현을 사용합니다. 단지 듣기 편한 말, 달콤하게 속삭이는 말, 사람들을 기분 좋게 만드는 말이 아닙니다.

> 너희도 알거니와 우리가 아무 때에도 아첨하는 말이나 탐심의 탈을 쓰지 아니한 것을 하나님이 증언하시느니라 살전 2:5

어떤 분은 날마다 좋은 설교를 많이 듣는다고 자랑합니다. 물론 말씀을 많이 듣는 것이 다른 것을 듣거나 보는 것보다 유익할 수 있습니다. 그 말씀을 제대로 마음 깊이 받아들였다면 찔림을 느낄 것이고 삶에 적용하기 위해 노력할 것입니다. 이것이 성령 안에서 온전히 말씀을 받는 자세입니다. 이런 이유로 단순히 말씀을 많이 듣는 것이 바람직한 것만은 아닙니다. 가장 먼저 자아 성찰을 통한 정체성의 변화를 경험해야 하기 때문입니다.

진정한 회개는 자기가 잘못한 것을 후회하는 것이 아닙니다. 자꾸 잘못된 행동이나 습관만 바꾸려고 하니까 변화가 일어나지 않습니다. 온전한 회개는 존재감을 깨닫는 것입니다. 하나님이 어떠한 분이신지를 깨닫고, 예수 그리스도 안에서 내가 누구인지 깨닫는 것을 포함합니다.

"Repentance means more than changed behavior or expressions of remorse. At root, the word refers to a changed mind. It means embracing a new way of understanding something. 회개의 의미는 단순한 행동의 변화나 후회의 표현 그 이상이다. 회개라는 단어의 뿌리에는 생각의 변화라는 의미가 담겨 있다. 이것은 무언가를 새롭게 이해하고 포용한다는 뜻을 지니고 있는 것이다." _ 매튜 스키너 Matthew L. Skinner, 《Intrusive God, Disruptive Gospel》

자신의 욕심, 유혹, 충동적으로 원하는 것에 초점을 맞출 때는 넘어지기 쉽습니다. 그러나 자신이 진정 누구인지 확실하게 알고 있을 때는 다릅니다. '어찌할꼬'의 역사가 일어납니다. 베드로는 증인이라는 사명감으로 하나님이 어떠한 분인지 확신을 가지고 선포합니다.

또 여러 말로 확증하며 권하여 이르되 너희가 이 패역한 세 대에서 구원을 받으라 하니 _{행 2:40}

예수님을 부인했던 베드로는 하나님의 용서를 실제로 경험했기 때문에 그 용서의 메시지에 대한 확신이 있었습니다. 그리스도 보혈의 능력으로 말미암은 하나님의 은혜에 대한 확신과 어떤 죄도 용서받을 수 있다는 확신이었습니다. 베드로는 이 분명한 메시지를 다른 사람들에게 전해야 한다는 사명감에 가득찼습니다. 그에게 복음은 더 이상 이론적인 지식이 아니었습니다. 이렇듯 우리 삶에도 상황이나 사람에 의해 흔들리지 않는 확신을 갖게 되는 터닝 포인트가 일어나기를 소망합니다.

인생의 진정한 터닝 포인트는 말씀으로부터

베드로에게 인생관의 변화, 세상을 바라보는 관점의 변화가 일어났습니다. 인생관을 결정하는 기준은 여러 가지입니다. 랄프 네이버 주니어 Ralph W. Neighbour Jr.가 쓴 미국 남침

례교 교재 《Survival Kit for New Christians(새 기독교인을 위한 생존 키트)》에 보면 인생에 권위를 부여하는 네 가지 요소 (Four sources of authority)에 대해 설명하고 있습니다.

첫째, 경험(Experiences)입니다. 과거의 경험에 의한 권위를 말합니다. 경험이 많은 사람이 노하우를 전수하는 것은 소중합니다. 우리는 다양한 경험을 열린 자세로 귀담아들어야 합니다. 하지만 경험에는 한계가 있습니다. 예전에 일어나지 않았던 새로운 문제가 발생하기도 합니다. 한국어권 목회를 시작하면서 바로 임현수 목사님의 억류 사건이 일어났습니다. 다행히 무사 귀환하셔서 마음놓고 목회에 전념하던 즈음에 코로나 사태가 일어났습니다. 이러한 위기는 경험으로 해결할 수 있는 문제가 아닙니다.

둘째, 지식(Intellect)입니다. 지식을 통해 소중한 것들을 얻게 됩니다. 아는 것이 힘입니다. 알아야 대처할 수 있습니다. 또한 배운 것을 적용할 수 있습니다. 그래서 공부해야 합니다. 하지만 많이 안다고 해서 변화되는 것은 아닙니다. 풍부한 지식이 있어도 적용하지 못하고 섬기지 못하는 분들도 많이 있습니다. 자신이 아는 바를 온전히 사용하지 못하는 경우입니다.

셋째, 전통(Tradition)입니다. 사회, 가정, 교회 어디나 있는 전통은 우리의 자랑이기도 합니다. 좋은 전통도 있지만 그렇지 못한 전통도 있습니다. 당시에는 반드시 필요했지만 지금은 의미가 없는 전통도 있습니다. 저는 우리 가정, 교회의 전통을 자랑스럽게 여깁니다. 하나님께서 주신 놀라운 간증이요 축복이기도 합니다. 하지만 그것이 미래의 새로운 변화에 한계를 가져다줄 수도 있음을 늘 명심해야 합니다.

넷째, 말씀(Scripture)입니다. 말씀은 위에 언급한 세 가지 권위들을 분별하는 기준이 됩니다. 좋은 것을 받아들이고 그렇지 못한 것을 걸러내는 역할을 합니다. 그렇지 않으면 많은 경우 자기가 기준이 됩니다. 베드로는 확신만 가지고 복음을 선포하지 않았습니다. 그에게는 말씀의 능력과 권위가 있었습니다. 우리가 잘 알다시피 그는 배운 사람이 아닙니다. 세상의 명예나 지위도 없었습니다. 제자 중에서 도덕적, 윤리적으로 흠이 없고 깨끗한 사람도 아니었고, 오히려 실패자이며 배신자였습니다. 그러나 그의 권위는 하나님의 말씀을 통해 부여받은 것이었습니다. 요엘 선지자와 다윗에게 임했던 하나님의 말씀을 근거로 복음을 선포했습니다. 예수님께서 공생애 사역을 하실 때도 바리새인 및 종교 지도자들은 예수님의 권위에 도전했습니다. 주님은 그 모든 도전과 시험, 유혹을 말씀의 권위로 이겨 내셨습니다.

오늘날에도 마찬가지로 사회의 경력, 경험, 전통을 가지고 말씀의 권위에 도전하는 사람들이 있습니다. 심지어 교회 안에도 있습니다. 결국 인생의 진정한 터닝 포인트, 즉 뿌리째 변화되는 계기는 말씀의 권위밖에 없다는 사실을 믿기 바랍니다. 인생의 터닝 포인트는 말씀을 받은 후 괴로워하며 말씀에 항복하고, 말씀이 내 안에 녹아들어 영의 양식이 될 때에야 비로소 찾아옵니다.

하나님의 말씀은
영혼의 무기

부모가 자녀를 키울 때 권위적이고 수직적인 관계기 아닌 하나님의 말씀과 대화로 양육해야 합니다. 직분자들이 교회를 섬길 때도 어떤 직분인지 따지며 섬기면 안 됩니다. 지금 이 시대는 그런 권위가 통하지 않습니다. 새로운 세대는 더 이상 포지션이 사역의 동기가 되지 않습니다. 사역에 어떠한 의미나 가치가 있는가를 깨달아야 적극적으로 움직입니다. 말씀을 기준으로 의미를 설명하는 것이 필요합니다. 말씀이 내 안에서 매일 살아 움직이고 성령님께서 깨우침을 주실 때 놀라운 변화의 능력을 발휘합니다.

사실 베드로는 설교를 준비할 시간이 없었을 것입니다. 오직 말씀 안에 살아 있는 능력을 전했던 것입니다. 선교지에 가면 이러한 일들을 많이 체험합니다. 마을에서 가정 방문하며 사영리(四靈理, 구원을 얻기 위한 네 가지 영적 원리)를 전하다가 사람들이 모이기 시작하면 갑자기 집회가 되어 버립니다. 이때 복음 설교를 해야 합니다. 성령님을 전적으로 의지하게 되며, 놀라운 역사를 경험하게 됩니다. 집회를 한다고 머릿속에 없던 말씀이 갑자기 떠오르는 것이 아닙니다. 성령님께서 말씀이 생각나게 하시고 바로 증거하게 하십니다.

보혜사 곧 아버지께서 내 이름으로 보내실 성령 그가 너희에게 모든 것을 가르치고 내가 너희에게 말한 모든 것을 생각나게 하리라 요 14:26

말씀을 부지런히 읽으십시오. 또 배우십시오. 하루아침에 영적인 거인이 태어나지 않습니다. 부지런히 배운 말씀이 성령님의 역사 가운데 놀라운 능력을 발휘하게 되고 우리를 움직이며 변화를 가져다줍니다. 다윗이 부지런히 물매를 닦고 준비한 것과 같이 하나님의 말씀은 영적인 무기, 즉 영적인 검입니다.

"I was baptized with the Holy Spirit when I took Him by simple faith in the Word of God. 나는 하나님의 말씀을 단순한 믿음으로 받아들였을 때에 성령 세례를 받게 되었다."_R. A. 토레이 Reuben Archer Torrey

좋아하는 예화 중에 D. L. 무디 Dwight Lyman Moody 목사의 이야기가 있습니다. 그는 19세기의 탁월한 복음 전도자이며 능력의 설교자로 알려져 있습니다. 하나님께서는 수천만 명의 영혼을 그의 사역을 통해 구원하셨습니다. 하지만 그는 고등학교조차 졸업하지 못한 사람이었습니다.

무디 목사가 어느 집회에서 설교를 마치자 거기 참석했던 한 영문학 교수가 다가와 메모지를 건네주더랍니다.

"무디 목사님, 내가 당신의 설교를 자세히 들어보니 문법이 100군데 이상 틀렸소!"

그 메모를 본 무디 목사가 이렇게 대답했다고 합니다.

"저는 비록 맞지 않는 문장으로 복음을 전하지만, 하나님께서는 저를 통해 수많은 영혼을 구원하고 계십니다. 당신은 어떻게 쓰임받고 있나요?"

저는 1.5세 목회자로 이중 언어를 구사하는 설교자입니다. 지금도 영어 목회와 한국어 목회를 동시에 감당하고 있습니다. 어떤 분들은 부러워하기도 하지만 저는 솔직히 둘 다 자신이 없습니다. 영어도 이곳에서 태어난 2세같이 하지 못하는 것 같고, 한국에서 중학교를 졸업한 후 캐나다에 왔기 때문에 한국어도 1세 목회자들같이 자연스럽게 하지 못할 때가 많습니다. 그래서 신학교를 졸업할 때 한국어 목회(Korean Ministry)를 해야 할지 영어 목회(English Ministry)를 해야 할지 나름대로 고민과 갈등이 많았습니다. 그때 하나님께서는 하나님 나라 목회(Kingdom Ministry)에 대한 마음을 주셨습니다. 언어보다 더 중요한 것은 복음을 가지고 나가는 것입니다. 한국어권에서는 한국어로, 영어권에서는 영어로, 그것도 아니면 다른 매체를 사용할 수도 있을 것이라고 생각했습니다. 언어는 단지 도구일 뿐이니까요. 이러한 터닝 포인트를 맞이한 후 여전히 부족한 저는 지금도 이중 언어로 목회하고 있습니다.

처음 큰빛교회에서 청소년 사역 인턴십을 할 때 꿈이

있었습니다. 하지만 아이들이 변하지 않는 것 같아서 실망하고 좌절했던 기억이 납니다. 변하지 않는 아이늘을 바라보며 도대체 무엇이 문제인가 고민했습니다. 그러나 다른 이유는 없었습니다. 성령님의 능력을 의지하는 것이 절대적으로 필요했습니다. 그렇게 간절한 마음으로 사역하면서 시간이 지나 많은 열매를 맺게 되었습니다.

미국에서 7년간 신학교와 목회 훈련을 마치고 다시 큰빛교회로 돌아와 영어 목회를 하면서도 같은 마음이었습니다. 놀라운 은혜 가운데 50여 명으로 시작한 영어 목회가 이제 700여 명 규모로 성장했습니다. 제 능력이 아닙니다. 다른 교회들도 많은데 왜 2세들과 다문화권의 성도들이 우리 교회를 찾아오는지 생각해 보았습니다. 이러한 성장이 인간적으로 이해되지 않았습니다. 그것은 성령님의 역사였습니다. 제 한국어 설교도 늘 어설프다고 생각하지만 성령님을 간절히게 의지하며 감당하고 있습니다.

당신에게도 터닝 포인트가 생기기를 기도합니다. 단지 현상 유지만 하는 신앙생활에서 벗어나 능력의 영을 부음 받으며 놀라운 변화를 경험하기를 바랍니다.

인생의 터닝 포인트는
말씀을 받은 후 괴로워하며
말씀에 항복하고,
말씀이 내 안에 녹아들어
영의 양식이 될 때에야
비로소 찾아옵니다.

1. 총체적 변화란 단순히 외적 변화가 아닌 내면의 변화에서 시작 된 행동의 변화까지를 포함합니다. 내면의 변화는 성령 안에서 일어나는 영적 터닝 포인트를 통해 가능합니다. 당신의 삶을 돌 아보면서 어떤 영적 터닝 포인트를 경험했는지 생각해 봅시다.

_____

_____

_____

_____

2. 당신이 가진 경험, 지식, 전통을 뛰어넘는 말씀의 능력을 경험 한 적이 있습니까?

_____

_____

_____

3. 성령님의 능력은 말씀의 빛 아래서 삶의 문제를 새롭게 보게 하는 능력입니다. 현재 우리의 연약하고 부족한 부분이나 어려움을 겪고 있는 문제에 대해 하나님의 말씀을 듣고자 합니까?

_____

_____

_____

_____

*

9장
일으켜 세움으로 이끄심

사도행전 3:1-10

한국 개신교 성도 수가 감소하고 젊은이들이 교회를 떠나고 있다는 안타까운 소식을 기독교 신문이나 방송을 통해 접합니다. 이제는 더 이상 주일학교나 청소년부가 없는 교회도 많다고 합니다. 한국 교회의 미래가 걱정되지 않을 수 없습니다.

요즘은 신앙을 가지고 있지만 교회에 출석하지 않는 성도를 가리켜 '가나안(안나가) 성도'라고 표현하기도 합니다. 그래도 희망이 아주 없는 것은 아닙니다. 여러 설문조사를 통해 파악된 바로는 그들도 언젠가는 교회로 돌아가고 싶다고 대답했다고 합니다.

무엇이 그들로 하여금 교회 공동체에 대해 회의감을 갖게 했을까요? 가장 큰 원인은 기존의 목회자, 교인, 교회에 대한 실망입니다. 북미에서도 기성 세대와 다음 세대 사이의 기대치가 다릅니다. 기성세대가 '설교하고 그렇게 살라(Preach then live)'는 입장이라면, 다음 세대는 '먼저 살아보고 설교하라(Live then preach)'는 입장입니다. 이 둘 사이에는 커다란 괴리감이 있습니다.

하나님의 말씀과 역사는 지극히 현실적입니다. 결코 단순한 이론이나 지식, 감정적 만족이나 종교적 의무감을 충족하는 것으로 끝나지 않습니다. 하나님은 현실과 동떨어진 4차원의 세계에 계신 분이 아닙니다.

이런 의미에서 사도행전 3장 앞부분에 나오는 이야기는 매우 중요한 의미가 있습니다. 성전 미문 앞에서 구걸하던 나면서부터 못 걷게 된 사람을 일으킨 사건은 초대교회의 첫 기적으로 알려져 있습니다. 눈여겨보아야 할 것은 이 놀라운 기적의 이야기가 베드로가 했던 두 편의 능력 설교(행 2:14-36와 3:11-26) 사이에 등장한다는 것입니다.

성령의 말씀 선포와 현실의 삶은 바로 샌드위치처럼 앞뒤로 연결되어 있습니다. 'Walk the talk!(말씀대로 행하라!)' 하나님의 말씀은 현실의 삶 가운데에서 능력으로 역사하십니다! 우리는 성전 미문 앞에서 구걸하던 나면서부터 못 걷게 된 사람을 일으킨 사건을 통해 성령님이 어떤 분인지 깨닫게 됩니다.

주저앉은 자를
일으켜 세우시고

생명의 주관자이신 하나님은 우리를 실제의 삶 속에서 일으켜 세우시는 분입니다. 베드로 설교의 핵심은 예수 그리스도를 보내 주시고 죽음에서 부활시키신 하나님에 대한 내용입니다.

하나님은 생명의 주관자(The Author of Life)이십니다. 생명의 하나님, 우리를 창조하시고 구원하시며 다시 살리시기까지 하시는 하나님께서 지금 우리의 실제 삶에도 개입하셔서 역사하신다는 것입니다.

미리 본 고로 그리스도의 부활을 말하되 그가 음부에 버림이 되지 않고 그의 육신이 썩음을 당하지 아니하시리라 하더니 이 예수를 하나님이 살리신지라 우리가 다 이 일에 증인이로다 행 2:31-32

생명의 주를 죽였도다 그러나 하나님이 죽은 자 가운데서 그를 살리셨으니 우리가 이 일에 증인이라 행 3:15

예수 그리스도를 살리신 하나님은 현실에서 우리의 삶도 살리고 일으키시는 능력을 가지고 계십니다. 우리는 그 증인으로 부르심을 받았습니다. 부활하신 예수 그리스도의 영(성령님)이 우리를 일으키십니다. 영은 뜬구름 잡는 것이 아닙니다. 본문에 등장한 걸인은 사실 태어날 때부터 못 걸었다고 기록되어 있습니다. 그는 현실에서 주저앉을 수밖에 없었고, 평생을 절망감과 질병으로 인한 육체의 연약함을 안고 살았습니다.

북인도에서 전도할 때 가장 낮은 계급으로 취급받는 불가촉천민들을 만난 적이 있습니다. 복음의 능력으로 변화되어 새롭게 일어날 수 있다고 아무리 전도를 해도 받아들이지 못하는 사람들이었습니다. 그들은 카스트 제도를 운명적으로 받아들이고 천민으로서의 생을 기꺼이 감당해야만 다음 생애에 희망이 있다는 생각을 가지고 있었습니다. 그렇기에 어렵고 비참한 삶 속에서 그들은 성선 미분 앞의 못 걷는 자처럼 그대로 주저앉은 채 평생을 살아가려고 합니다.

하지만 하나님께서는 그를 그냥 지나치지 않으셨습니다. 수많은 사람이 그를 그냥 지나쳤지만 사랑과 관심이 충만한 하나님의 시선은 그를 향했습니다. 성령의 감동을 통해 베드로로 하여금 그를 바라보게 만들었던 것입니다.

베드로가 요한과 더불어 주목하여 이르되 우리를 보라 하니

우리는 무엇 때문에 주저앉아 있는가를 생각해 보아야 합니다. 수가성의 사마리아 여인은 과거의 실패와 인간관계로 인해, 삭개오는 낮은 자존감 때문에, 간음해 돌에 맞아 죽을 뻔했던 여인은 죄악과 수치심 때문에 주저앉아 있었습니다. 베드로는 예수님을 세 번이나 부인하고 실패감과 죄책감 때문에 주저앉아 있었습니다. 그러나 예수님은 그들을 일으켜 주셨습니다.

성령님은 지금도 삶 속에서 주저앉아 있는 자들을 일으켜 주십니다. 현실 가운데 일으켜 세우시는 그 능력을 믿고 구하기를 바랍니다.

못 보던 것을
보게 하시며

본문에 나오는 걷지 못하는 이는 상당히 현실적인 사람이었던 것 같습니다. 그는 성전 미문 앞에 앉아 있었습니다.

아름다운 장식으로 만들어져 미문(美門)으로 불린 성전 동쪽의 이 문은 이스라엘 성전의 '이방인의 뜰'에서 '여인의 뜰'로 들어가는 길목으로, 성전에 들어가려면 반드시 거쳐야 하는 통로였습니다.

그는 평생 그 자리에 앉아 있었습니다. 모든 사람이 쉽게 볼 수 있는 목 좋은 자리를 선택한 것을 보면 아마 상당히 머리가 좋은 사람이었는지도 모릅니다. 영어 성경(ESV)을 보면 그가 그곳에 앉아 있는 이유가 나옵니다.

To ask alms of those entering the temple 성전에 들어가는 사람들에게 구걸하기 위하여 행 3:2b

여기서 'alms'은 가난한 사람들을 위한 구제금을 말합니다. 그는 종교적인 심리를 이용했을지도 모르겠습니다.

그에게 보이는 것은 오로지 돈(금과 은)뿐이었습니다. 그는 돈, 목이 좋은 장소, 사람들의 종교적 너그러움에 대해 잘 알고 있었습니다. 그렇지만 영적인 것은 보지 못했습니다. 그를 일으켜 세울 수 있는 하나님은 보지 못했던 것입니다. 그에게 성전은 돈을 버는 장소 그 이상도 그 이하도 아니었습니다.

연약한 우리도 현실적인 문제에 부딪혔을 때 다른 것을 보지 못할 때가 많습니다. 우리 눈에는 오로지 우리를 주저앉게 만든 요소들만 보입니다. 걷지 못하는 걸인에게 성전 문은 단지 먹고 살아남기 위한 통로였고 도구였던 것처럼 말입니다. 그에게 그 문은 예배하기 위한 통로가 아니었습니다. 그가 정말 예배를 원했다면 성전 안으로 옮겨 달라고 부탁할 수도 있었을 텐데 그는 그러지 않았습니다. 그런 그에게 베드로는 "우리를 보라"라고 담대히 선포합니다. 이것은 현실을 무시하거나 회피하는 것이 아니었습니다. 영안이 열려 그 영안으로 현실을 바로 볼 수 있는 능력이었습니다.

베드로가 요한과 더불어 주목하여 이르되 우리를 보라 하니

행 3:4

베드로와 요한은 그를 하나님의 자비하신 눈으로 보았습니다. 이것이 바로 우리가 간절히 사모해야 할 부분입니다. 성령님께서 역사하실 때 경험하는 터닝 포인트의 열매입니다.

예전에 어느 분과 식당에 가서 식사하며 교제하던 중 부끄러운 마음이 들었던 적이 있습니다. 보통 식사 기도를 할 때 서로를 위해 축복하고 또한 음식이나 건강에 대한 감사의 내용으로 기도하는데, 이분은 그 식당에서 일하는 종업원들을 위해서도 기도를 하셨습니다.

고 하용조 목사님은 나면서부터 걷지 못한 걸인을 매일 데려다준 사람들이 과연 누구였는가에 대해 말씀하신 적이 있습니다. 그들은 틀림없이 그 걸인을 이용하는 사람들이었을 것이라고 추측하셨습니다. 아마 우리 주위에 주저앉은 사람들을 이용하는 경우를 자주 보아 왔기 때문에 그런 생각을 하셨던 것 같습니다. 동정심을 이용해 노동력을 착취한다거나 음란 문화, 성 매매 등에 이용하는 경우들 말입니다. 물질, 질병, 실패, 빚 등 다양한 요인으로 인해 주저앉게 된 경우입니다. 세상에는 이런 일들이 정말 너무나도 많습니다. 또한 육체적으로는 건강하지만 영적으로는 장애를 갖게 된 수많은 영혼이 주위에 있습니다.

그들이 허탄한 자랑의 말을 토하며 그릇되게 행하는 사람들에게서 겨우 피한 자들을 음란으로써 육체의 정욕 중에서 유혹하는도다 그들에게 자유를 준다 하여도 자신들은 멸망의 종들이니 누구든지 진 자는 이긴 자의 종이 됨이라 _{벧후}

2:18-19

아프리카 초원에 서식하는 스프링복의 이야기를 들어 본 적이 있습니까? 영양의 일종인 스프링복은 치타도 잡지 못할 정도로 엄청난 속도로 달릴 수 있다고 합니다. 시속 94킬로미터의 달리기 실력을 자랑하는 그들이 떼죽음을 당하는 경우가 있는데, 이유는 그들의 특이한 습성 때문입니다. 그들은 무리를 지어 풀을 뜯어 먹다가 한 녀석이 더 많은 풀을 먹기 위해서 앞으로 달려 나가면 그 뒤에 있던 녀석도 지지 않으려고 더 빨리 달려갑니다. 이렇게 수백 마리가 엎치락뒤치락하며 앞에 강이나 절벽이 있는 것도 모른 채 사력을 다해 달리다가 절벽 아래로 떨어져 떼죽음을 당한다고 합니다.

보지 못하면 평생 그 길로만 갑니다. 우리도 마찬가지입니다. 보지 못하면 평생 미문 앞에서 영적인 인생을 마감할 수도 있습니다. 성령의 이끄심을 받은 사람은 현실 가운데에서 못 보는 것을 볼 수 있는 사람입니다.

우리로 하여금 보게 하는 능력은 바로 기도입니다. 바쁜 일정과 사역 가운데에서도 시간을 정해 기도했던 베드로와 요한은 기도를 통해 영적으로 깨어 있었습니다.

제 구 시 기도 시간에 베드로와 요한이 성전에 올라갈새
행 3:1

오늘을 살아가면서 영적으로 무뎌져 있지는 않은지 살펴볼 필요가 있습니다. 걷지 못하는 걸인도 무뎌진 채로 그저 성전 앞에서 별다른 기대 없이 앉아 있었을지도 모릅니다. 기도하면 보입니다. 기도하면 영적으로 무뎌지지 않습니다.

그가 베드로와 요한을 바라보자. 베드로가 예수님의 이름으로 기적을 일으키는 장면이 나옵니다.

베드로가 이르되 은과 금은 내게 없거니와 내게 있는 이것을 네게 주노니 나사렛 예수 그리스도의 이름으로 일어나 걸으라 하고 행 3:6

걸어서 자리를
옮기게 하시니

주님께서는 단순히 육체적인 병을 낫게 하기 위해 일으켜 주신 것이 아니었습니다. 놀라운 변화는 그가 일어나 혼자 걸을 수 있게 된 것이 아니었습니다. 성전 안에 들어가지 못하는 인생이 성전으로 들어갔다는 것을 주목하십시오.

뛰어 서서 걸으며 그들과 함께 성전으로 들어가면서 걷기도 하고 뛰기도 하며 하나님을 찬송하니 행 3:8

평생 성전 밖에 있었던 사람이 성전 안으로 들어간 것이야말로 가장 놀라운 변화였습니다. 철저히 현실주의자였던 걸인이 예배자로 변한 것입니다. 성령의 역사는 현실 가운데 마비(paralyze)되어 있는 우리도 일어서게 하고, 우리의 영적인 위치와 주소를 옮겨 주십니다. 걸인처럼 우리도 성전 밖에 있었던 영역들을 성전 안으로 옮겨 와야 합니다. 사람을 보는 것, 물질을 보는 것이 아니라 나사렛 예수를 보고 일어나는 삶을 살아야 합니다. 자리를 옮겨 주시는 능력과 권세, 예수님의 권위, 말씀의 권위, 성령님의 권위가 우리에게 일어나라고 말씀하고 계십니다!

우리를 일으키시는 목적은 영적으로 성전 밖에 있는 삶을 성전 안으로 옮기는 것입니다. 이것은 교회 안에서 살라는 의미가 아닙니다. 영적인 예배, 주님과의 온전한 교제의 회복을 의미합니다. 하고 싶은 것, 가고 싶은 곳에 마음대로 가라고 세워 주시는 것이 아닙니다. 혼자서도 잘먹고 잘살 수 있도록 하는 것이 목표가 아닙니다. 예배의 회복입니다. 교회는 주저앉아 있는 영역들을 믿음으로 일으키는 능력을 회복해야만 합니다. 그래야 우리만 일어나 걷는 것이 아니라 옆에 있는 지체들을 일으키는 능력이 생기지 않겠습니까? 이것이 그리스도인의 부르심입니다. 성전 밖에 주저앉아 있는 자들을 성전 안으로 데리고 함께 들어가라는 부르심입니다.

영적인 능력은 과연 무엇입니까? 예수 그리스노를 전하지 못한다면 아무 의미가 없는 것이 영적인 능력입니다. 우리에게 없는 것을 나누어 줄 수는 없으니까요. 마비되어 있는 사람들의 손을 잡아 주었다는 것은 무엇을 의미할까요? 베드로는 그냥 말로만 하지 않았습니다. 그를 영적인 자리로 옮겨 주었습니다.

오른손을 잡아 일으키니 발과 발목이 곧 힘을 얻고 뛰어 서
서 걸으며 그들과 함께 성전으로 들어가면서 걷기도 하고
뛰기도 하며 하나님을 찬송하니 행 3:7-8

혹시 당신 주위에 이렇게 영적으로 마비되어 있는 지체
가 있지는 않습니까?

"The power was Christ's, but the hand was Peter's. 그 권능
은 그리스도의 것이었지만 손은 베드로의 것이었다." _토마
스 워커 Thomas Walker

교회는 주저앉아 있는 사람들에게 손을 내밀어야 하는
사명을 받았음을 명심하기 바랍니다! 성령님께서는 우리
로 하여금 그들을 볼 수 있게 하십니다. 일어날 수 있다는
믿음이 없으면 손을 내밀 수도 없습니다. 성령님께는 우리
를 일으키시는 능력이 있음을 믿으십시오. 그리고 서로를
일으켜 세우는 사명을 감당하십시오. 교회도 마찬가지입
니다. 교회를 일으키는 것은 재정, 시설, 장비가 아닙니다.
목이 좋다고 해결되는 것은 더더욱 아닙니다.

"초대 교회에는 '은과 금은 내게 없거니와 내게 있는 것으로 네게 주노니 곧 나사렛 예수 그리스도의 이름으로 일어나 걸으라'고 말하는 능력이 있었다. 그러나 오늘날 우리 교회는 금으로 기둥을 만들고 대리석으로 바닥을 깔아 엄청난 하나님의 집을 지었다. 우리 교회는 땅도 많이 가지고 있다. 건물도 가지고 있다. 사람들도 많이 가지고 있다. 은과 금은 이제 우리에게 있다. 그러나 나사렛 예수 그리스도의 이름의 능력은 잃었다." _토마스 아퀴나스

우리가 사는 이 세상에서 진정한 변화를 일으키며 그들을 세우는 사명이 우리 안에 절실히 필요합니다. 교회에 찾아온 위기와 어려움 때문에 마비되는 것이 아니라 그것을 통해 하나님의 능력을 경험하고 다시 일어난다면 그야말로 가장 놀라운 간증이요 큰 힘이 될 것입니다.

모든 백성이 그 걷는 것과 하나님을 찬송함을 보고 그가 본래 성전 미문에 앉아 구걸하던 사람인 줄 알고 그에게 일어난 일로 인하여 심히 놀랍게 여기며 놀라니라 행 3:9-10

임 목사님의 억류라는 생각지도 못했던 어려움이 교회

에 닥쳤을 때 많은 사람이 관심을 보였습니다. 심지어 모르는 사람도 교회가 어떻게 대처하는지 궁금해 자주 큰빛교회 웹사이트에 접속했었다는 이야기도 들었습니다. 감사하게도 많은 분이 교회가 위기 상황에서도 주저앉지 않고 지속적으로 사역을 잘 감당해 나가는 것을 보았다는 피드백을 주셨습니다.

특별한 행사나 프로그램은 할 수 없었지만, 말씀 집회, 기도 집회, 선교 집회만큼은 꾸준히 감당했습니다. 매주 예배에 정성을 다했고 성도들은 간절하고 뜨겁게 기도했습니다. 오히려 교회는 영적으로, 질적으로 더 성장하고 성숙해지는 시간이었습니다. 새로운 교우들이 끊임없이 교회를 방문하고, 등록했습니다. 세계 전역에 퍼져 있는 교회들과 선교사님들이 임 목사님뿐만 아니라 교회를 위해서 기도해 주었고, 말로 형용할 수 없을 정도로 큰 축복과 은혜를 누릴 수 있었습니다.

인간적으로는 주저앉을 수밖에 없는 상황에서 영적으로는 놀라운 하나님의 계획과 섭리를 느끼는 시간이었습니다. 그리고 함께 어려움을 이겨 낸 2년 7개월이라는 시간 동안 성도들과 저의 관계는 10년을 훌쩍 넘게 함께한 것같이 끈끈해질 수 있었습니다.

1. 성전 미문 앞에 있던 걸인과 같이 현실 가운데 주저앉아 있었던 경험이 있습니까? 무엇 때문에 주저앉게 되었는지 생각해 봅시다.

_____

_____

_____

_____

2. 베드로와 요한은 성령이 충만해 다른 사람들이 관심조차 보이지 않았던 걷지 못하는 자를 자비의 눈으로 바라볼 수 있었습니다. 당신은 성령의 충만함을 무엇이라고 생각합니까? 자비의 시선으로 일상의 삶을 살아간다면 어떤 변화가 일어나게 될까요?

_____

_____

_____

_____

3. 성령의 역사는 주저앉아 있는 자리에서 일으켜서 말씀과 회복의 자리로 옮기시는 역사입니다. 주변에 손을 잡고 일으켜 주어야 할 지체들이 있습니까? 어떻게 그들을 도울 수 있을까요?

_____

_____

_____

_____

*

10장
생각의 변화로 이끄심

사도행전 10:30-35

지금까지 '이끄심'이라는 주제로 평범한 어부였던 베드로를 부르시고, 그의 믿음이 성장하고 성숙하도록 이끌어 주신 하나님의 놀라우신 은혜에 대해 살펴보았습니다.

이 시리즈의 마지막 본문인 사도행전 10장에는 복음 전파와 선교 사역에 한 획을 그을 만한 결정적인 사건이 기록되어 있습니다. 복음이 더 이상 유대인들에게만 머물러 있지 않고 이방인에게로, 그리고 열방으로 선포되어 이방인들이 세례를 받는 놀라운 일이 일어난 것입니다. 하나님께서는 사울이라는 사람을 다메섹 선상에서 변화시키시고 이방인의 사도로 세워 복음을 선포하게 하십니다.

가라 이 사람은 내 이름을 이방인과 임금들과 이스라엘 자손들에게 전하기 위하여 택한 나의 그릇이라 행 9:15

하지만 그전에 베드로를 통해 물꼬를 트신 데에는 하나

님의 깊은 섭리가 있었습니다. 이것은 하나님의 정확한 계획이요, 타이밍입니다. 예수님을 핍박했던 사울이 아무리 바울이라는 새사람이 되었다고 해도, 만일 그가 먼저 이방인에게 복음을 전했다면 초대교회는 받아들이기 힘들었을지도 모릅니다. 그렇지만 베드로는 이미 초대교회에서 존경받고 인정받는 영적 지도자로 확고히 자리잡은 사람이었습니다.

그런 그에게 하나님께서는 큰 과제를 주시는데 그것은 바로 고넬료라는 이방인에게 복음을 전하고 세례를 베풀라는 것이었습니다. 이 일이 있기 전까지 제자들은 복음을 유대인들에게만 전하고 있었습니다. 그들과 피가 섞인 사마리아인들에게 복음을 전하는 것까지는 허락했지만, 그 외의 이방인들에게 복음을 전할 생각은 아예 하지도 않았습니다. 이방인이 믿음의 한식구가 된다는 것은 있을 수 없는 일이었습니다. 더구나 고넬료는 로마의 군인이었습니다.

마찬가지로 한국 교회가 일제의 핍박을 받고 있을 때 일본 군인에게 전도하고 세례 베푸는 것을 받아들이기란 쉽지 않았을 것입니다. 한국 교회 초기에 양반과 상놈이 형제 자매 사이가 되고 백정이 장로가 된 사건 또한 지금 생각해도 정말 놀라운 간증입니다.

　문제는 생각과 자세를 한순간에 바꾸기란 결코 쉽지 않다는 것입니다. 심지어 예수님이 직접 오셔서 말씀을 하셔도 생각을 절대로 안 바꾸는 사람들이 있었습니다. 예수님께서는 그러한 부류의 사람들이 있음을 아시고도 사역을 계속하셨습니다.

　예수께서 그들의 생각을 아시고 손 마른 사람에게 이르시되 일어나 한가운데 서라 하시니 그가 일어나 서거늘 눅 6: 8

　우리는 시간이 지날수록 성장하고 성숙해지는 것이 아니라, 오히려 더 굳어지고 고정관념에 갇힐 수 있습니다. 그럴 때 베드로를 성장과 성숙으로 이끌어 주셨던 하나님을 만나게 됩니다.

생각의 방향을
바꿔 주시다

　진정한 성장과 성숙은 끊임없는 생각의 변화를 통해 시

작됩니다. 하지만 굳어진 생각은 쉽게 바뀌지 않습니다. 성령님께서 베드로에게 환상을 보여주시며 이방인에게 가라고 말씀하셨지만, 처음에는 받아들이지 못했습니다. 위법으로 생각했습니다.

이르되 유대인으로서 이방인과 교제하며 가까이 하는 것이 위법인 줄은 너희도 알거니와 하나님께서 내게 지시하사 아무도 속되다 하거나 깨끗하지 않다 하지 말라 하시기로
행 10:28

그런데 하나님께서는 마음이 각박한 베드로에게 환상을 통해 이방인을 음식으로 상징하면서 세 번이나 깨끗하다고 말씀하십니다.

하나님께서 깨끗하게 하신 것을 네가 속되다 하지 말라 하더라 이런 일이 세 번 있은 후 그 그릇이 곧 하늘로 올려져 가니라 행 10:15b-16

그렇다고 하나님께서 변덕스럽게 이제 와서 생각을 바꾸신 것은 아닙니다. 복음과 진리는 절대 변하지 않습니다.

그렇지만 복음을 바라보는 우리의 선입관이나 고정관념, 우리의 제한된 생각은 끊임없는 성령님의 이끄심 가운데 성화되어야 합니다. 이방인을 향한 하나님의 마음은 변함이 없지만, 유대인들의 편협하고 잘못된 생각은 바뀌어야만 했습니다. 저는 가장 깊은 변화와 성숙을 위해서는 관점이 바뀌어야 한다고 생각합니다.

임현수 목사님 억류 사건으로 교회 공동체는 위기를 느꼈습니다. 이 위기를 해결하는 관건은 이 상황을 어떠한 관점으로 바라보아야 하는가였습니다. '위기는 기회다'라는 말이 있습니다. 또 '고난은 변장된 하나님의 축복이다'라는 말도 있습니다. 이런 내용의 설교를 들을 때마다 많은 성도가 희망을 갖습니다.

하지만 모든 사람에게 위기가 기회나 축복이 되는 것은 아닙니다. 위기를 기회로 삼기 원하지만 마음처럼 쉽지 않기 때문입니다. 어려운 문제들만 보이고 기회로 여겨지지 않습니다. 그렇다고 해서 대놓고 부정적으로 보는 것도 아닙니다. 목회하면서 이런 경우를 많이 경험합니다. 같은 공동체에서 똑같은 문제를 가지고도 "괜찮을 거예요" "다 잘될 거예요"라며 긍정적이고 희망적인 관점으로 반응하는 분들이 있는가 하면, 어떤 분들은 "이제는 끝났습니다" "더 이상 희망이 없습니다"라며 늘 부정적으로 반응하는 분들도 있습니다. "최악의 경우를 먼저 생각하라"는 말도 합니다.

처음에는 그들을 그냥 부정적인 성향을 가진 사람들이라 생각했습니다. 목양을 하면서 깨달은 것은 그들도 처음부터 의도적으로 부정적인 말을 하지는 않았다는 것입니다. 도대체 어떤 사람이 '올해도 부정적인 사람으로 살아야지'라는 마음으로 새해를 시작할까요? 또 '오늘도 부정적인 것들만 보고 지적해야지' 하며 회의에 임하는 사람이 어디 있겠습니까? 그럼에도 문제나 위기의식 가운데 조금도 달라지지 않고 부정적인 사람으로만 보이는 가장 큰 이유는 관점이 변하지 않았기 때문입니다.

"Everybody thinks of changing Humanity and Nobody thinks of changing Himself. 모든 사람이 온 인류를 바꾸려는 생각만 할 뿐 정작 자기를 바꾸려고는 생각하지 않는다."
_ 레프 톨스토이 Lev. Tolstoy

회개, 왜곡된 생각이
말씀으로 바로잡히는 것

사람들은 저마다 다른 관점(perception)을 가지고 있습니다. 관점은 과연 어떻게 형성될까요? 우리가 자란 과거의 환경에 의해서 형성됩니다. 예를 들어 가정 환경, 경험, 문화, 교육, 상처, 실망, 관계 등을 통해서 형성됩니다.

남가주에서 사역할 때의 일입니다. 저와 가까이 지내던 젊은 집사님 부부가 있었습니다. 결혼 전에는 매년 해외 단기선교로 헌신했던 분들이었습니다. 그러나 결혼하고 아이가 생기면서 몇 년 동안 선교를 나가지 못해 아쉬워하던 부부는 딸아이가 두 살이 되었을 때 아이를 부모님 댁에 맡기고 함께 선교를 가기로 했습니다.

아이가 아직 어려서 아무것도 모를 거라고 생각한 부부는 아이에게 아무런 설명도 해주지 않고 선교 여행을 떠났습니다. 그러나 아이의 입장에서는 평소처럼 할머니 집에 놀러갔는데 갑자기 엄마, 아빠가 사라졌으니 얼마나 당황스러웠겠습니까? 문제는 부부가 2주 동안 열심히 선교하고 돌아온 다음부터였습니다. 아이가 할머니 집에만 가면 울어 댔습니다. 이 아이는 무의식 중에 할머니 집에 가면

엄마, 아빠가 사라져 버린다고 생각했던 것입니다. 어떠한 상황이 닥칠 때, 그것에 반응하는 것은 사람마다 다르다는 것을 잘 보여주는 예입니다.

이처럼 사람마다 보는 관점이 다릅니다. 그러한 관점에 따라 판단과 해석 또한 달라집니다. 위기감도 관점에 따라 조성되는데, 어떤 사람에게는 상대적으로 극대화되어 보이기도 합니다. 무의식 중에 과거에 경험했던 안 좋은 일들과 연관 짓기도 하고, 부정적인 결론을 내리며 불안과 스트레스로 위기를 맞아 더 힘들어지기도 합니다.

교회든 사회든 사실을 왜곡된 시선으로 보는 사람들은 어디에나 있습니다. 인간은 모든 것을 객관적으로 보는 것이 불가능합니다. 중요한 것은 주관적인 자기 관점을 내려놓느냐 아니면 계속 고집하느냐입니다. 교회 리더십과 관련해 생기는 갈등은 주로 서로 다른 관점에서 오는 차이 때문인 경우가 많습니다.

예수님은 하나님에 대한 잘못된 관점을 되돌리기 위해 성육신하셨습니다. 죄나 왜곡된 지식 등 주관적으로 형성된 관점을 주님의 거룩한 삶으로 온전히 바로잡아 주신 것입니다. 하지만 종교 지도자들이나 바리새인들은 자신들의 관점과 입장에서 예수님을 바라볼 수밖에 없었습니다.

그들의 관점으로 볼 때 예수님은 매우 위협적인 존재였습니다. 예수님은 그들이 이해하는 율법과 전통에 어긋난 행동을 하는 인물이었기 때문입니다. 심지어 그들은 예수님을 바알세불이라며 공격하고 비판했습니다. 그들에게는 예수님의 성육신과 사역이 위기감으로 다가왔을 것입니다. 그 위기감 때문에 그들은 결국 예수님을 모함하고 배척했습니다.

이스라엘 백성도 마찬가지입니다. 유월절을 포함한 열 가지 재앙 사건과 홍해를 건너는 기적을 통해 애굽에서 이끌어 내신 전능하신 하나님의 구원의 손길을 경험했지만, 오랜 기간 동안 형성된 노예로서의 습성은 쉽게 변하지 않았습니다. 결국 그들은 40년 동안 광야 생활을 해야 했고, 노예의 습성대로 살았던 1세대들은 그 대가로 가나안 땅에 들어가지 못했습니다.

주님께서 말씀과 은혜로 우리에게 너무나도 많은 것을 부어 주시고 있음에도 여전히 우리는 그것을 누리지 못하고 있습니다. 우리는 각자 세상을 바라보며 이해하는 관점이 말씀 가운데 온전한가를 점검해 보아야 합니다.

생각의 방향과 기준은 성품에 의해 결정된다고 할 수 있습니다. 당신의 생각과 마음의 방향을 판단하는 기준은 무엇인가요? 마음에 진실함은 있지만 그 방향이 삐뚤어진 경우도 있습니다. 솔직하게 표현했다가 잘못되는 경우도 봅니다. 가끔 그런 이야기를 들으면 마음이 섬뜩해질 때가 있습니다. 미움과 불신으로 멍든 마음, 상처, 안 좋은 과거의 경험, 부정적인 자세 등이 그렇게 여겨지게 하는 것 같습니다.

우리는 생각에서 자유로울 수 없습니다. 결국 생각에도 성화가 일어날 때 그 생각이 행실을 바로잡아 줍니다. 생각은 성령님의 인도하심과 이끄심에 따라 더 깊어지며 방향이 바뀝니다.

"인간이 생각으로 하나님을 처음 등진 것처럼, 심령의 변화를 향한 첫 동작이 일어나는 곳도 생각이다. 생각이야말로 우리의 변화가 시작될 수 있고, 마땅히 변해야만 하는 곳이다. 거기서 하나님의 빛은 그리스도의 말씀을 통해 우리에게 처음 다가오기 시작한다. 거기서 성령은 특정한 생각 쪽으로 우리 의지의 방향을 점점 잡아가기 시작한다. 그 생각을 기초로 우리는 하나님과 그분의 길로 자신을 재조정하는 길을 택한다." _ 달라스 윌라드Dallas Willard, 《마음의 혁신》

왜곡된 생각이 하나님의 뜻과 말씀으로 바로잡힐 때 우리는 그것을 회개라고 합니다. 회개란 잘못한 것을 후회하는 것, 무서워서 잘못했다고 비는 것으로 끝나는 것이 아닙니다. 회개는 돌이킴입니다. 가장 먼저 일어나는 것이 생각의 변화, 인식의 회개입니다. 성령 충만함의 의미를 더 깊이 생각해 보아야 합니다.

그의 영광의 풍성함을 따라 그의 성령으로 말미암아 너희 속사람을 능력으로 강건하게 하시오며 엡 3:16

여기서 강건의 의미는 강하게 생각을 굽히지 않는 것이 아니라 영적으로 성장하고 성숙해지는 것입니다.

또한 성숙함은 생각의 유연성으로 얻을 수 있습니다. 생각의 유연성은 내가 알고 있는 것이 맞다거나, 내가 생각하는 것이 다가 아니라는 것을 인정하고, 겸손해지는 것을 의미합니다.

깨달음을 통한
생각의 변화

진정한 변화는 진리의 말씀을 깨달을 때 일어납니다. 존재, 목적, 창조자를 깨닫는 것이 놀라운 변화를 가져옵니다.

아는 것과 깨닫는 것은 다릅니다. 진리의 말씀을 그냥 알기만 하면 지식(Information)에 머무르지만, 이 말씀을 깨닫게 되면(Understanding) 변화(Transformation)가 일어납니다. 그렇다면 깨달음은 무엇을 의미할까요?

첫째, 깨달음은 진리를 삶과 연결하는 능력입니다. 베드로는 꿈속에서 보았던 음식에 대한 내용이 이방인의 구원임을 깨닫습니다. 사실 이 진리는 새로운 것이 아니었습니다. 이미 예수님께서 말씀하셨고 몸소 보여주셨던 것입니다. 이방인을 향한 예수님의 마음은 이미 복음서에서 백부장을 의인이라고 칭하신 것으로도 알 수 있습니다.

내가 너희에게 이르노니 이스라엘 중에서도 이만한 믿음은 만나보지 못하였노라 눅 7:9b

너희는 가서 모든 민족을 제자로 삼아 아버지와 아들과 성령의 이름으로 세례를 베풀고 마 28:19

각 나라 중 하나님을 경외하며 의를 행하는 사람은 다 받으시는 줄 깨달았도다 행 10:35

수학이나 물리학에서도 답을 아는 것보다 더 중요한 것은 공식의 원리를 깨닫는 것입니다. 공식을 문제에 적용할 수 있다면 답을 쉽게 구할 수 있습니다.

둘째, 깨달음은 온전한 관점으로 바라볼 수 있는 능력입니다. 더 온전(fuller)하게 바라보는 것이 깨달음입니다. 베드로는 자신의 생각이 온전하지 못했음을 깨달았습니다. 그가 가지고 있던 확신, 전통, 신념은 온전한 것이 아니라 일부분에 지나지 않는 것임을 깨달은 것입니다.

결국 생각의 변화는 마음의 변화에서 비롯됩니다. 마음을 열 때 우리는 다른 것들도 온전하게 볼 수 있게 됩니다. 우리가 가지고 있는 기준을 더 이상 고집하지 않게 됩니다. 그것이 절대적이 아니라는 것을 깨닫습니다.

1+1의 답을 물어보면 모두 2라고 대답할 것입니다. 맞습니다. 그렇지만 동시에 그 이상이 될 수도 있음을 아는지

요? 저와 제 아내가 만나서 우리 가정은 네 명이 되었습니다. '1+1=4'가 된 것입니다. 아니 양쪽 집안 전체로 확대해 보면 훨씬 더 많아집니다. 캐나다에 사는 우리 가정은 명절 때마다 저의 부모님은 물론 아내의 가족까지 다 함께 모입니다. 그렇게 따져보면 '1+1=17'이 됩니다.

우리의 한계를 아는 것이 깨달음입니다. 예전에 들었던 이야기인데, 하루밖에 못 사는 하루살이가 올빼미를 찾아가 인생의 지혜를 알려달라고 했습니다. 그러나 올빼미는 하룻밤 자고 내일 오면 알려주겠다면서 돌려보냈답니다. 자신의 한계를 올바르게 알아야 제대로 깨달을 수 있다는 교훈일 것입니다.

당시 베드로와 유대인들이 가지고 있던 정결의 기준이 있었습니다. 그것은 지극히 외형적인 기준이었습니다.

베드로가 입을 열어 말하되 내가 참으로 하나님은 사람의 외모를 보지 아니하시고 행 10:34

하나님께서는 외적이고 율법적인 경건의 모습을 보시는 것이 아니라 마음을 보십니다. 겉으로 보이는 것, 외모만 보고서는 하나님의 계획을 알 수가 없습니다.

고넬료가 주목하여 보고 두려워 이르되 주여 무슨 일이니이까 천사가 이르되 네 기도와 구제가 하나님 앞에 상달되어 기억하신 바가 되었으니 행 10:4

이 말씀은 구제와 선행으로 구원받았다는 뜻이 아니라 마음 깊이 하나님을 경외하는 것을 보시고 구원하셨다는 이야기입니다. 고넬료는 유대인들처럼 율법적인 제사를 드리는 것이 무엇인지도 몰랐던 이방인이었습니다. 하지만 그는 마음으로 하나님을 경외하고 알기를 사모했습니다.

생각의 변화를 검증하는
영적 분별력

생각이 온전히 변했는지에 대한 검증은 영적인 분별력을 통해 이루어집니다. 가장 위험한 것은 혼자 계시를 받거나 깨달았을 때입니다. 본문을 보면 고넬료에게 말씀하신 성령님께서 베드로에게도 동일하게 말씀하셨습니다. 거기에서 끝난 것이 아니라 베드로는 교회에 돌아와 자초지종을 설명하고, 보고하면서 공동체와 함께 분별하려고 했습니다.

사울과 아나니아가 등장하는 사도행전 9장에서도 이와 유사한 장면을 볼 수 있습니다. 사울은 말씀의 사람들을 통해, 기도의 사람들을 통해, 영적 공동체의 권위와 질서를 지키는 사람들을 통해 변화의 온전성을 검증받습니다.

베드로가 이방인에게 복음을 전하고 교제했을 때 할례자들 가운데 비난하는 이들이 있었습니다. 그럼에도 불구하고 베드로는 자신을 내려놓는 성숙한 모습을 보입니다.

베드로가 예루살렘에 올라갔을 때에 할례자들이 비난하여 이르되 네가 무할례자의 집에 들어가 함께 먹었다 하니 베드로가 그들에게 이 일을 차례로 설명하여 행 11:2-4

그들이 이 말을 듣고 잠잠하여 하나님께 영광을 돌려 이르되 그러면 하나님께서 이방인에게도 생명 얻는 회개를 주셨도다 하니라 행 11:18

베드로는 예수님의 수제자로서 직접 계시를 받았고 확신 가운데 사역했습니다. 동시에 교회의 권위에 승복했습니다. 우리에게 있는 진리와 신념은 매우 중요합니다. 하지만 그 신념조차 끊임없이 성령님의 이끄심과 공동체의 분별력 아래에 내려놓는 훈련이 필요합니다. 지도자의 확고한 신념은 중요하지만 그것 때문에 힘들어지는 경우도 많이 봅니다. 영적인 교만함과 자존심을 조심하고 늘 경계해야 합니다. 자신의 생각이 틀릴 수도 있다는 것 또한 늘 명심해야 합니다.

"끝맺기를 처음과 같이 하면 실패가 없다." _ 노자

성령님께서는 겸손하게 마음을 열고 이끄심 받기를 소원하는 사람들에게 분별력을 주십니다. 성령님의 음성과 이끄심은 문화, 배경, 공간, 시간 등의 제한을 받지 않고 믿음의 사람들을 하나로 묶어 주십니다. 우리는 어려운 시기를 지나가고 있지만 이때야말로 교회 공동체, 소그룹 공동체가 더욱 중요합니다. 영적 분별력을 훈련하는 장이기 때문입니다. 그들을 마음에 품고 함께 여정을 떠날 때 온전한 생각의 변화와 영적 성숙이 일어날 줄 믿습니다.

무엇보다 중요한 것은 우리를 공동체로 불러 주시는 성령님의 이끄심을 받는 것입니다. 제자의 삶은 공동체와 함께 살아가는 삶이라는 것을 알고, 공동체를 통해 하나님의 뜻을 구하며 서로 신뢰하는 가운데 함께 이끄심을 받기를 바랍니다.

저와 큰빛교회는 어려운 시간들을 지나면서 하나님의 강권적인 이끄심을 경험했습니다. 신학교의 교과서나 리더십 책에서는 배울 수 없는 놀라운 은혜와 성령님의 개입하심, 그리고 신앙의 성장과 성숙을 경험했습니다.

그런 축복은 어느 개인의 능력이나 리더십 때문이 아니었습니다. 매 순간 이끌어 주시는 성령님의 역사 가운데 열린 마음과 유연한 사고를 가지고 공동체가 함께 분별해 나아간 덕분이었습니다. 자기의 생각을 주장하거나 고집하지 않고 말씀 가운데 내려놓고 기도했을 때 놀랍게도 하나님이 보호하셨습니다.

하나님은 그의 자녀와 교회를 사랑하십니다. 어떠한 상황에서도 모든 일이 합력해 선을 이루게 하십니다. 고난과 위기 가운데서도 하나님의 뜻은 이루어집니다. 예기치 않은 상황이 닥쳐도 온전히 하나님만 바라보도록 생각을 바꿔 주시는 그분을 기대하십시오.

진정한 변화는

진리의 말씀을 깨달을 때
일어납니다.

묵상과 나눔 포인트

1. 사람은 누구나 어떤 상황에 접하면 그것을 객관적이고 전체적으로 바라보기보다 자신의 주관적인 관점으로 바라보고 파악합니다. 어떤 배경이 당신의 관점을 형성하고 있다고 생각합니까? 그러한 관점 때문에 주위 사람과 갈등을 겪은 적이 있습니까?

_____

_____

_____

2. 회개는 우리의 왜곡되고 뒤틀린 생각이 하나님의 말씀으로 바로잡힐 때 일어납니다. 그러한 회개는 단번에 일어나지 않고 성령 안에서 우리의 방향을 지속적으로 하나님께로 재조정하는 과정이라는 사실을 알고 있습니까?

_____

_____

_____

3. 베드로는 고넬료 사건에서 발견한 자신의 경험을 절대시하지 않고 교회 공동체와 함께 기도하며 분별하고자 했습니다. 온전한 생각의 변화는 자신의 경험이 공동체의 영적 분별 속에서 검증되어야 하기 때문입니다. 당신은 인생의 중요한 결정을 내릴 때 공동체와 함께 판단하고 분별하려고 노력합니까?

_____

_____

_____

주님이 이끄시는 인생보다

행복하고
안전한 삶은 없습니다.